AF816063

Nachdem anfangs des Jahres 1893 in der Fabrikanlage mehrere Explosionen stattgefunden hatten, reichten die Einwohner der Ortschaft A beim k. Bezirksamte O eine Vorstellung ein, in welcher sie um Einstellung des Betriebes der ganzen Anlage baten, da derselbe nicht in zuverlässiger Weise erfolge und die ganze Umgebung gefährde; ferner gebe auch die Leitung für die Uebertragung des starken elektrischen Stromes Anlaß zu Bedenken, indem sie ohne Isolirung in der nächsten Nähe von Scheunen vorbeiführe und einige öffentliche Wege in einer Höhe von nur $2^1/_2$ m vom Boden kreuze, auch häufig schon Vögel, welche sich auf der Leitung niedergelassen haben, todt herabgefallen seien.

Das k. Bezirksamt O nahm unter Zuziehung von Sachverständigen eine Ortsbesichtigung vor, bei welcher festgestellt wurde,

1. daß der Betrieb der ganzen Anlage in der That der nöthigen Zuverlässigkeit entbehrt und Gefahren sowohl für die dort beschäftigten Arbeiter als auch für die Umgebung mit sich bringt,
2. daß in den zur Anlage gehörigen Magazinen außer den polizeilich als zulässig erklärten Quantitäten von 400 Kilogramm Dynamit und 1000 Kilogramm Pulver auch 300 000 Stück mit Geschoß fertig laborierter, von auswärts behufs Weiterverkaufs eingeführter Metallpatronen für Gewehre und Revolver sich befinden,
3. daß der im Jahre 1892 neu aufgestellte Dampfkessel mit dem beseitigten, im Jahre 1880 genehmigten Kessel vollständig gleich ist, jedoch für keinen der in der Fabrik befindlichen zwei Kessel ein Revisionsbuch vorliegt,
4. daß die elektrische Leitung wirklich in verkehrs- und feuerpolizeilicher Beziehung bedenklich ist.

Das k. Bezirksamt O stellte hierauf mit Beschluß vom 15. August 1893 den Betrieb der ganzen Anlage ein, untersagte die Lagerung von Pulver und anderen Sprengstoffen sowie von Patronen, und zog die auf Grund des § 1 des Sprengstoffgesetzes vom 9. Juni 1884 (Reichsges.-Bl. S. 61)

Die

Staatskonkurs-Aufgaben

für den

höheren Justiz- und Verwaltungsdienst

im

Königreich Bayern.

IV. Sammlung.

3. Lieferung:

Die Aufgaben im Jahre 1893

mit

den speziellen Aufgaben der Pfalz.

Mit hoher ministerieller Genehmigung.

München.
J. Schweitzer Verlag (Jos. Eichbichler).
1894.

☞ **Die Aufgaben pro 1894** erscheinen nach Beendigung des diesjährigen Staatskonkurses.

Einladung

zum Abonnement auf die:

Bayer. Gemeindezeitung.

Organ für alle Gemeindeangelegenheiten des rechtsrheinischen Bayern und der Pfalz.

Unter Mitwirkung namhafter bayerischer Verwaltungs- und Gemeindebeamten herausgegeben von

Dr. Thomas v. Hauck

k. Oberstaatsanwalt
am Verwaltungsgerichtshofe a. D.

Jährlich 36 Nummern in Quartformat. Preis jährlich ℳ 8.

Die „Bayerische Gemeindezeitung“ stellt sich die Aufgabe — **fern von allem politischen Parteistreit** — lediglich die Fragen der **Selbstverwaltung** — des **Selbstverwaltungsrechts** — der **Gemeindefinanzen** — des **Gemeindedienstes** — der **Schule** und des **Kirchenwesens** — des **öffentl. Versicherungswesens** — der **Polizei** und der **Wohlfahrtseinrichtungen**, sowie namentlich den **Vollzug der Gesetze** in leicht verständlicher Weise zu erörtern.

Von grossem Nutzen dürfte die „Bayerische Gemeindezeitung“ zur Vorbereitung auf den verwaltungsrechtlichen Theil des Staatskonkurses sein. Auch konnte die „Bayer. Gemeinde-Zeitung“ im Staatskonkurs schon mehrmals, (so auch wieder 1893) mit Vorteil benützt werden.

In einem **„Sprechsaale“** finden Anfragen aus dem Abonnentenkreise über alle in den Rahmen der „Bayerischen Gemeindezeitung“ passenden Fragen **sachgemässe Beantwortung.**

☞ Um den neu eintretenden Abonnenten den **Nachbezug der bisher erschienenen drei Jahrgänge,** auf welche **vielfach verwiesen** werden muss, zu erleichtern, hat sich der Verlag der „Bayerischen Gemeindezeitung“ entschlossen, **diese drei Jahrgänge, solid gebunden,** zu dem **ermässigten Gesammtpreise von nur 10 Mark** portofrei zu liefern; es werden somit die **inhaltlich sehr werthvollen drei vollständigen Jahrgänge** der **„Bayerischen Gemeindezeitung“** zu einem **aussergewöhnlich niederen Preise** ausgeboten. **Einzelne** der bisher erschienenen drei Jahrgänge (1891, 1892 und 1893) werden zu dem **ermässigten** Preise von à **4 Mark** abgegeben.

Die

Staatskonkurs-Aufgaben

im Jahre

1893.

Aufgabe
aus dem Landeszivilrechte.

Die drei auf verschiedenen Folien des Hypothekenbuchs eingetragenen Grundstücke des Johann Huber Pl.-Nr. 157, geschätzt auf 1500 ℳ, Pl.-Nr. 1215, geschätzt auf 1600 ℳ, und Pl.-Nr. 1608, geschätzt auf 1250 ℳ, auf welchen folgende mit vier vom Hundert verzinsliche Hypotheken in nachverzeichneter Rangfolge ruhen:

auf Pl.-Nr. 157

1. 800 ℳ bis 1. Februar 1895 unkündbarer, von da ab vierteljährig kündbarer Kaufschilling des Wilhelm Maier,
2. 1200 ℳ halbjährig kündbares Darlehen des Joseph Brunner,
3. 800 ℳ vierteljährig kündbares Darlehen des Karl Müller,

auf Pl.-Nr. 1215

1. 1000 ℳ bereits fälliges Darlehen des Christoph Schneider und
2. obige 1200 ℳ des Joseph Brunner,

auf Pl.-Nr. 1608

1. obige 1200 ℳ des Joseph Brunner,
2. obige 800 ℳ des Karl Müller, ferner
3. 500 ℳ des Egyd Schmitt,

sind auf Betreiben des Karl Müller zu gunsten seiner Hypothekenforderung von 800 ℳ zum Zwecke der Zwangsversteigerung mit Beschlag belegt worden.

Im Versteigerungstermine vom 15. August 1893 sind lediglich 165 ℳ 30 ₰ Kosten des Vollstreckungsverfahrens*), ferner 50 ℳ Grundsteuerrückstände von Pl.-Nr. 157, endlich die Fälligkeit des Schneider'schen und die am 1. März 1893 erfolgte Kündigung des Brunner'schen Hypothekenkapitals angemeldet worden.

1. Wie hat der Notar im Versteigerungstermine das geringste zulässige Gebot mit den auf die Übernahme von Forderungen durch den Ansteigerer bezüglichen Versteigerungsbedingungen für den Fall der Einzelversteigerung und für den Fall der Versteigerung im ganzen festzustellen?
2. Kann der Zuschlag beim Einzelausgebote erteilt werden, wenn das Meistgebot der drei verschiedenen Steigerer für Pl.-Nr. 157 : 1200 ℳ, für Pl.-Nr. 1215 : 1400 ℳ, für Pl.-Nr. 1608 : 1200 ℳ beträgt?
3. Welche Bestimmungen hat der Verteilungsplan über die Verteilung des Erlöses und über die Übernahme der Forderungen zu treffen,
   a) wenn im Falle 2 der Zuschlag erteilt ist,
   b) wenn nicht zu den unter 2 aufgeführten Einzelgeboten, sondern zu dem bei der Versteigerung im ganzen erzielten Meistgebote von 4002 ℳ der Zuschlag erteilt worden ist?
4. Welchen Einfluß hat es im Falle 3 b, wenn Wilhelm Maier am 18. August 1893 gestorben und von Johann Huber beerbt worden ist und dieser die Hypothekforderung des Maier im Verteilungsverfahren geltend gemacht hat?
5. Wie wäre die Frage 1 zu beantworten, wenn nach den Einträgen im Hypothekenbuche der Gläubiger Wilhelm Maier das Vorzugsrecht seiner Hypothek dem Hypo-

*) Zinsen sollen bei Beantwortung der Aufgabe außer Betracht bleiben.

thekgläubiger Karl Müller, der Gläubiger Christoph Schneider das Vorzugsrecht seiner Hypothek dem Gläubiger Joseph Brunner abgetreten hätte?

Bei der Bearbeitung sind neben den Reichsgesetzen das Gemeine Recht und die für das ganze Gebiet desselben in Bayern geltenden Landesgesetze zu grund zu legen.

Die Entscheidungen sind zu begründen.

I. Aufgabe
aus dem Reichszivilrechte und dem Zivilprozeßrechte.

1. Der Kaufmann Kroll, über dessen Vermögen am 28. Januar 1893 der Konkurs eröffnet wurde, hatte im Jahre 1892 seinem Freunde Schuster eine wertvolle Uhr geschenkt und übergeben. Der Konkursverwalter focht diese Schenkung, die im März 1892 erfolgt sei, auf grund des § 25 der Konkursordnung an und erwirkte am 4. April 1893 ein Urteil, durch welches Schuster, der die Abweisung der Klage beantragt hatte, da ihm die Uhr schon am 10. Januar 1892 geschenkt worden sei, für schuldig erklärt wurde, die Uhr an die Konkursmasse zurückzugewähren und die Kosten zu tragen. Das Gericht erachtete hiebei die Behauptung, daß die Uhr erst im März geschenkt worden sei, für bewiesen.

Eine Zustellung dieses Urteils ist nicht erfolgt.

Später wurde das Konkursverfahren auf grund eines am 19. August 1893 rechtskräftig gewordenen Zwangsvergleichs aufgehoben, inhaltlich dessen die Masse, soweit sie nicht in Geld und Wertpapieren bestand, dem Gemeinschuldner überlassen wurde. Schuster, der inzwischen eine Urkunde aufgefunden hatte, aus der hervorging, daß die Schenkung am 10. Januar 1892 erfolgt war, möchte nun die Kosten, die ihm in dem vom Konkursverwalter gegen ihn geführten Rechtsstreit erwachsen sind, ersetzt erhalten.

Auf welchem Wege kann er dieses Ziel erreichen?

Gesetzt das Urteil vom 4. April 1893 hätte die Rechtskraft beschritten und Schuster hätte hierauf die Uhr an den Verwalter, dieser sie aber nach Aufhebung des Konkursverfahrens mit den übrigen Massebestandteilen dem Kaufmann Kroll ausgehändigt, könnte Schuster von Kroll die Herausgabe der Uhr verlangen?

2. Der Vormund des geisteskranken Arnold Huber, der Kaufmann Lazarus Adler, verabredete mit dem Privatier Hugo Dorn, dieser solle gegen Huber, obwohl ihm Huber niemals etwas schuldig geworden war, Zahlungsbefehle auf einen Gesamtbetrag von 20000 ℳ erwirken; er, der Vormund, werde weder gegen die Zahlungsbefehle Widerspruch erheben, noch gegen die Vollstreckungsbefehle Einspruch einlegen; von der auf diesem Wege aus dem Vermögen des Huber beigetriebenen Summe solle Dorn an ihn die Hälfte abliefern. Entsprechend diesem Abkommen erlangte Hugo Dorn bei dem Amtsgerichte Felden gegen Huber am 2. und 7. Januar 1893 zwei Zahlungs- und am 3. und 8. Februar 1893 zwei Vollstreckungsbefehle auf je 10000 ℳ und ließ auf grund dieser letzteren, die dem Lazarus Adler am 10. und 14. Februar 1893 zugestellt worden waren, am 25. Februar 1893 in Augsburg Juwelen des Arnold Huber pfänden, die sich im Besitze des Vormundes Lazarus Adler befanden. Am 26. Februar 1893 starb Lazarus Adler; der an dessen Stelle am 11. März 1893 neu ernannte, von der Sachlage unterrichtete Vormund August Katz möchte nun die Aufhebung der Vollstreckungsbefehle, vor allem aber die Einstellung der Zwangsvollstreckung herbeiführen.

Auf welchem Wege kann er dieses Ziel erreichen?

Wie wäre die vorstehende Frage zu beantworten, wenn Hugo Dorn die ihm auf grund der Vollstreckungsbefehle vom 3. und 8. Februar ds. Jrs. zustehenden Ansprüche laut notarieller Urkunde vom 15. Februar 1893 dem Bankier Jakob Winter abgetreten und der letztere für sich die Vollstreckungsklausel und unmittelbar nach der Zustellung der Vollstreckungsklausel und einer Abschrift der notariellen Urkunde vom 15. Februar 1893 am 25. Februar 1893 die Pfändung der Juwelen des Huber erwirkt hätte?

Neben den Reichsgesetzen haben die Kandidaten, welche die Prüfung in den Landesteilen rechts des Rheins ablegen, das Gemeine Recht und die für das ganze Gebiet desselben geltenden bayerischen Landesgesetze, die Kandidaten, welche die Prüfung in der Pfalz ablegen, das dort geltende Landesrecht anzuwenden. Die Entscheidungen sind zu begründen.

II. Aufgabe aus dem Reichszivilrechte und dem Zivilprozeßrechte.

1. Der Kaufmann Heim in Felden hat zwei Wechsel:

a) einen an seine eigne Ordre gestellten, von ihm selbst auf seine Zweigniederlassung in Wiesheim gezogenen und von dieser angenommenen Wechsel über 2000 ℳ;

b) einen ebenfalls an seine Ordre gestellten, von dem Kaufmann Müller in Felden auf die erwähnte Zweigniederlassung des Kaufmanns Heim in Wiesheim gezogenen, von dieser aber nur zu einem Betrage von 1000 ℳ angenommenen Wechsel über 3000 ℳ an den Bankier Lotz giriert, dem Giro des letzteren Wechsels aber die Bemerkung: „ohne Obligo" beigefügt. Später sind die Wechsel, nachdem sie mangels Zahlung protestiert worden waren, von Lotz an den Kaufmann Heim zurück-, von dem letzteren aber an den Großhändler Berger weiter giriert worden.

Welche Ansprüche kann Berger im Wechselprozesse gegen Heim, Müller und Lotz mit Aussicht auf Erfolg erheben?

2. Der Bankier Johann Huber in München hat am 4. Januar 1893 einen am 31. Dezember 1892 von dem Großhändler August Weiß in Augsburg auf den Kaufmann Joseph Stein in München gezogenen, an die Ordre des Fabrikanten Friedrich Dorn gestellten, am 24. Februar 1893 zahl-

baren Wechsel über 1000 ℳ, der von Dorn unter Beifügung der Bemerkung: „nötigenfalls bei Bankier Johann Huber in München“ an den Gutsbesitzer Anton Müller in Felden indossiert und am 3. Januar 1893 mangels Annahme protestiert worden war, „zu Ehren des Fabrikanten Friedrich Dorn“ acceptiert und am 25. Februar 1893, nachdem der Wechsel mangels Zahlung protestiert worden war, die Wechselsumme an Auton Müller bezahlt, der ihm den Wechsel und Wechselprotest aushändigte.

Unterdessen war am 7. Jannar 1893 über das Vermögen des August Weiß der Konkurs eröffnet worden. Huber meldete in diesem Konkurse von seiner Wechselforderung einen Betrag von 700 ℳ an, während er 300 ℳ gegen eine Kaufschillingsforderung des Weiß aufrechnete. Der Konkursverwalter bestritt jedoch die Zulässigkeit der Aufrechnung, verlangte vielmehr von Huber die Bezahlung der 300 ℳ Kaufschilling an die Masse und erhob im Prüfungstermine gegen die Forderung des Huber Widerspruch, da dieser die Ehrenzahlung erst am 25. Februar 1893 geleistet, sohin zur Zeit der Konkurseröffnung keinen Anspruch gegen den Gemeinschuldner gehabt habe.

Sind die Einwendungen des Konkursverwalters begründet?

Neben den Reichsgesetzen haben die Kandidaten, welche die Prüfung in den Gebietsteilen rechts des Rheins ablegen, das Gemeine Recht und die für das ganze Gebiet desselben geltenden bayerischen Landesgesetze, die Kandidaten, welche die Prüfung in der Pfalz ablegen, das dort geltende Landesrecht anzuwenden. Die Entscheidungen sind zu begründen.

III. Aufgabe

aus dem Reichszivilrechte und dem Zivilprozeßrechte.

Die Generalversammlung der Aktiengesellschaft „Bräuhaus Felden“, deren Auflösung am 5. Januar 1892 in das

Handelsregister eingetragen worden war, hat, nachdem alle angemeldeten Schulden der Gesellschaft getilgt waren, auf Antrag der Liquidatoren am 8. Juni 1893 einstimmig beschlossen, die Brauerei nebst allen Außenständen an die Aktiengesellschaft „Großbrauerei Felden" zu verkaufen und dieser Gesellschaft die Fortführung der Firma „Bräuhaus Felden" zu gestatten.

Außer der Brauerei „Bräuhaus Felden" hat der Vorstand der Aktiengesellschaft „Großbrauerei Felden" die Brauerei der offenen Handelsgesellschaft „Huber und Jacobi" in Felden und die Brauerei des Jakob Maier in Mauern gekauft, wobei die Gesellschafter Huber und Jacobi sowie Jakob Maier in die Weiterführung der Firmen durch die Aktiengesellschaft gewilligt haben.

Die Generalversammlung der Aktiengesellschaft „Großbräuerei Felden", in welcher von den 1000 auf je 1000 ℳ lautenden, vollbezahlten Aktien der Gesellschaft 900 vertreten waren, hat am 1. September 1893 diese Erwerbungen genehmigt und mit allen Stimmen gegen die eine Stimme des Aktionärs Lazarus Schmid folgende weitere Beschlüsse gefaßt:

1. Die Brauereien der Aktiengesellschaft „Bräuhaus Felden" und der offenen Handelsgesellschaft „Huber und Jacobi" werden unter der bisherigen Firma weitergeführt. Die Zeichnung dieser Firmen erfolgt in der Weise, daß die beiden Mitglieder des Vorstandes der Aktiengesellschaft „Großbrauerei Felden" Müller und Gruber, die nach dem Gesellschaftsvertrag zur gemeinschaftlichen Zeichnung dieser Firma berechtigt sind, den geschriebenen oder gedruckten Firmen „Bräuhaus Felden" und „Huber und Jacobi" ihre Namensunterschrift beifügen.
2. Die Brauerei des Jakob Maier in Mauern wird als Zweigniederlassung der Aktiengesellschaft unter der Firma „Jakob Maier" weitergeführt. Für diese Zweigniederlassung wird der Prokurist August Katz bestellt, der die Firma „Jakob Maier" in Gemeinschaft mit einem der Vorstandsmitglieder Müller und Gruber in der

Weise zu zeichnen hat, daß der Firma „Jakob Maier" die Namensunterschriften dieses Vorstandsmitgliedes und des August Katz, die letztere mit einem die Prokura andeutenden Zusatz, beigefügt werden.

3. Der Aufsichtsrath wird ermächtigt, die Bestimmungen des Gesellschaftsvertrags über die Zeichnung der Firma durch die Vorstandsmitglieder und die vorstehenden Bestimmungen unter 1. und 2. abzuändern.

4. Der Preis für die drei gekauften Brauereien zu 800 000 ℳ soll in der Weise aufgebracht werden, daß die Aktionäre berechtigt sein sollen, auf je eine Aktie zu 1000 ℳ eine Zuzahlung von 800 ℳ zu leisten. Die Aktien, auf welche diese Zuzahlung geleistet wird, sollen aus dem Reingewinn eine vorzugsweise Jahresdividende von 6 % auf den Betrag von 1800 ℳ erhalten, die nötigenfalls aus der Reineinnahme der nächstfolgenden Jahre vor Entrichtung einer Dividende an die übrigen Aktionäre auszubezahlen ist, und bei einer Auflösung der Gesellschaft mit je 1800 ℳ eingelöst werden; auf die übrigen Aktien soll nur der nach dieser Einlösung verbleibende Überschuß fallen.

Der durch Zuzahlungen der Aktionäre nicht gedeckte Teil des Kaufpreises soll durch eine Anleihe aufgebracht werden, für die der Grundbesitz der Aktiengesellschaft verpfändet wird.

Darf der Registerrichter die Beschlüsse 1.—4. im Falle gehöriger Anmeldung in das Handelsregister eintragen?

Kann Lazarus Schmid den Beschluß unter 4. mit Aussicht auf Erfolg anfechten?

Ist es zulässig, daß Müller und Gruber, die, wie erwähnt, nach dem Gesellschaftsvertrag der Aktiengesellschaft „Großbrauerei Felden" zur gemeinschaftlichen Zeichnung dieser Firma berechtigt sind, einen von ihnen beiden bevollmächtigten, Zahlungen für die Aktiengesellschaft in Empfang zu nehmen und über diese Zahlungen zu quittieren?

Neben den Reichsgesetzen haben die Kandidaten, welche die Prüfung in den Gebietsteilen rechts des Rheins ablegen, das Gemeine Recht und die für das ganze Gebiet desselben geltenden bayerischen Landesgesetze, die Kandidaten, welche die Prüfung in der Pfalz ablegen, das dort geltende Landesrecht anzuwenden. Die Entscheidungen sind zu begründen.

IV. Aufgabe aus dem Reichszivilrechte und dem Zivilprozeßrechte.

Die Buchhändler Dorn, Hahn und Katz hatten sich mit schriftlichem Vertrag vom 1. Januar 1893 verpflichtet, an den Buchhändler Arnold Adler, Inhaber der Firma Lazarus Stein, bis zum 1. Februar 1893 gewisse Werke zu liefern oder eine Konventionalstrafe von je einhundert Mark zu bezahlen. Am 8. Februar 1893 erhob Arnold Adler gegen Dorn, Hahn und Katz unter der Behauptung, daß sie ihre Lieferungspflicht nicht erfüllt hätten, bei dem Amtsgerichte Hausen im Urkundenprozesse auf Bezahlung von 300 ℳ Konventionalstrafe Klage, der er die Urkunde vom 1. Januar 1893 in Abschrift beilegte.

Die Beklagten beantragten die Klage abzuweisen. Sie machten geltend, daß der Urkundenprozeß unstatthaft sei, da Adler den ihm obliegenden Beweis, daß die Beklagten ihre Verpflichtungen nicht erfüllt hätten, nicht durch Urkunden angetreten habe. Dorn und Hahn behaupteten weiter, daß sie die übernommenen Lieferungen ausgeführt hätten, und boten hierüber Beweis durch Zeugen an.

Katz erkannte zwar an, daß er die versprochenen Bücher nicht geliefert habe, behauptete aber, daß ihm der Kläger die Konventionalstrafe erlassen habe, wie er durch den Zeugen Hammer nachweisen werde, und brachte weiter vor, daß ihm der Kläger laut Schuldscheins vom 15. Januar 1893 ein Darlehen von 100 ℳ schuldig sei. Diese Forderung bringe er eventuell der klägerischen Forderung gegenüber zur Aufrechnung.

Wie hat das Urteil in Sachen Adler gegen Katz zu lauten, wenn Adler den Erlaß der Konventionalstrafe und den Empfang des Darlehens bestritten, das Gericht aber aus der ihm vorgelegten Urkunde vom 15. Januar 1893 die Überzeugung von dem Bestand und der Fälligkeit der Darlehensschuld gewonnen hat?

In Sachen Adler gegen Dorn und Hahn verurteilte das Amtsgericht Hausen die Beklagten nach den Klagsbitten und das Landgericht Hausen bestätigte auf Berufung der Beklagten am 4. April 1893 dieses Urteil, behielt jedoch den Beklagten die Ausführung ihrer Rechte vor.

Auf grund des landgerichtlichen Urteils ließ Adler am 8. April 1893 im Bezirke des Amtsgerichts Felden bei Dorn ein Gemälde und bei Hahn eine Uhr pfänden.

Dorn und Hahn erachten diese Pfändungen für ungerechtfertigt; Dorn, weil er am 6. April 1893 die Hauptsache nebst Kosten an den Prokuristen des Klägers bezahlt und von diesem Quittung erhalten hat; Hahn, weil er nach Erlaß des landgerichtlichen Urteils eine Urkunde vom 15. Januar 1893 aufgefunden hat, in der der Prokurist des Klägers den Empfang der von Hahn vertragsmäßig zu liefernden Bücher bestätigte.

Welche Schritte haben Dorn und Hahn zu thnn, um a) die Einstellung der Versteigerung, b) die Aufhebung der Pfändung herbeizuführen.

Wäre es zulässig, daß Arnold Adler gegen Dorn, Hahn und Katz statt unter seinem bürgerlichen Namen unter der Firma „Lazarus Stein" klagen würde?

Neben den Reichsgesetzen haben die Kandidaten. welche die Prüfung in den Landesteilen rechts des Rheins ablegen, das Gemeine Recht und die für das ganze Gebiet desselben geltenden bayerischen Landesgesetze, die Kandidaten, welche die Prüfung in der Pfalz ablegen, das dort geltende Landesrecht anzuwenden. Die Entscheidungen sind zu begründen.

I. Aufgabe
aus dem Strafrechte und dem Strafprozeßrechte.

1. Dem Kommis Karl Dern, in dem Kolonialwarengeschäft des Kaufmanns Peter Robt als Verkäufer bedienstet, wurde am Morgen des 9. Februar 1893, als er noch im Bette lag, durch die fünfzehnjährige Tochter Marie der ledigen Krämerin und Wäscherin Johanna Stix frische Wäsche gebracht. Er zog dieselbe unter Liebkosungen an sich und vollzog mit ihr, da sie ihm keinen ernstlichen Widerstand entgegensetzte, den Beischlaf. Dern wußte aus seiner Zeitungslektüre, daß man sich mit Mädchen unter vierzehn Jahren nicht einlassen dürfe, hatte aber auch Kenntnis davon, daß die Marie Stix bereits 15 Jahre zählte, und aus deren geringem Widerstreben die Ueberzeugung geschöpft, daß dieselbe nicht mehr unverdorben sei.

Am Abend rühmte sich Dern im Wirtshause vor Freunden, daß er heute die Gunst der Marie Stix genossen habe. Von dieser Aeußerung erhielt die Mutter des Mädchens andern Tags Kenntnis. Sofort begab sie sich zu Dern und drohte ihm, sie werde ihn wegen Beleidigung verklagen, wenn er nicht alsbald vierzig Mark an sie zahle, die sie in die Sparkasse ihrer Tochter einlegen werde. Dern hütete sich, der entrüsteten Frau, die bei dem Umstande, daß ihre Tochter noch völlig unbescholten war, gar nicht an die Möglichkeit dachte, daß Dern seinen Freunden eine wahre Begebenheit erzählt haben könnte, irgendwie entgegenzutreten, versprach vielmehr die verlangten vierzig Mark für die Sparkasse der Marie Stix zu zahlen, und bat sich nur aus, daß er dieselben erst in vierzehn Tagen erlegen und in dem auszustellenden Schuldschein angeben dürfe, es seien die vierzig Mark ein Darlehen, welches er von der Johanna Stix erhalten habe. Die Johanna Stix gab sich hiemit zufrieden und genehmigte den Schuldschein, der ihr in dieser Weise ausgestellt wurde. Nach Ablauf der vierzehn Tage — am 25. Februar 1893 — kam die Johanna Stix wieder in die

Behausung des Dern, um ihr Guthaben einzufordern. Dern mußte ihr eröffnen, daß er leider auch jetzt noch nicht in der Lage sei, die vierzig Mark ihr zu geben. Die Stix erwiderte, daß sie alsdann gegen ihn wegen Beleidigung ihrer Tochter Strafantrag stelle. Nach längerem Hin- und Herreden sagte die Stix plötzlich:

„Wie wäre es, wenn Sie mir, statt der 40 ℳ bar, Waren aus dem Geschäfte Ihres Prinzipals zustecken und machen würden, daß ich für dieselben an der Kasse nur einen geringen Betrag zahlen müßte!"

In dem Geschäfte des Robt war nämlich die Einrichtung getroffen, daß die Kommis die Bezahlung der Waren, die sie an Kunden verkauften, nicht selbst entgegennehmen durften, sondern diese Waren auf eigenen Zetteln mit der Preisangabe zu verzeichnen und die Zettel mit ihrer Unterschrift versehen, dem Kassierer Wilhelm Mach, dessen Platz sich in der Nähe des Ausganges ds Ladens befand, zu übergeben hatten, und daß die Käufer erst dann, wenn sie dem Mach den auf dem Zettel vermerkten Betrag gezahlt hatten, befugt waren, die Waren, wenngleich ihnen solche der Kommis schon vordem überwiesen hatte, aus dem Laden fortzutragen. Diese Einrichtung war der Stix als alten Kundin wohlbekannt und an dieselbe dachte sie, als sie die erwähnte Frage an Dern richtete. Dern sah sich vor die Alternative gestellt, entweder eine Beleidigungsklage, deren Ausgang er bei den bewandten Umständen allerdings nicht sonderlich fürchten zu müssen glaubte, die ihn aber doch gegenüber seinem Prinzipal einigermaßen genierte, über sich ergehen zu lassen, oder auf den Vorschlag der Stix einzugehen. Er entschloß sich zu letzterem und erwiderte der Stix folgendes:

„Nun gut, kommen Sie morgen zu mir in den Laden, ich werde Ihnen ein Packet mit 25 Pfund Kaffee, das Pfund zu 1,80 ℳ, zusammenrichten, auf den für den Kassier bestimmten Zettel aber schreiben, Sie hätten 20 Pfund Mehl zum Preise von 2,40 ℳ. gekauft; das wird niemand merken, Sie brauchen bei dem Kassier auch gar kein Wort zu sprechen, sondern haben einzig die 2,40 ℳ auf den Kassatisch hinzuzählen. Da Sie auf diese Weise gegen Zahlung von nur 2,40 ℳ zu Kaffee im Werte von 45 ℳ gelangen, werden Sie nicht allein für Ihr Darlehen vollständig befriedigt, sondern erhalten um 2,60 ℳ zu viel; diese 2,60 ℳ müssen Sie an mich herauszahlen!“

Die Stix erklärte sich mit diesem Anerbieten einverstanden und sicherte dem Dern zu, daß sie ihm seinen Schuldschein aushändigen und die 2,60 ℳ zahlen werde, sobald sie die versprochene Quantität und Qualität Kaffee von ihm erhalten haben werde.

Nach Eröffnung des Geschäfts am folgenden Vormittag wollte Dern an die Ausführung seines Vorhabens gehen; er überzeugte sich aber bald, daß er seinen Kollegen Philipp Burg in's Geheimnis ziehen müsse, da derselbe, mit ihm an demselben Ladentische arbeitend, seine ganze Manipulation übersehen werde und ihn verraten könne. Da Burg sein Freund war, vertraute er sich demselben an und bat ihn inständig, ihn nicht in seinem Vorhaben zu stören. Burg sagte dies unter der Bedingung zu, daß auch Dern ihm gelegentlich einen Freundschaftsdienst erweise.

Unter den Augen des Burg entnahm Dern sodann 25 Pfund Kaffee aus den Vorräten des Prinzipals und schnürte dieselben zu einem Packete zusammen, das er einstweilen in dem Ladentische verbarg. Um aber doch seinen Prinzipal nicht allzu sehr zu schädigen und in der Erwartung, daß die Stix die Täuschung nicht merken werde, nahm Dern statt Kaffee, von dem das Pfund 1,80 ℳ wertete, nur solchen zum Preise von 1,40 ℳ.

Als um 11 Uhr die Stix im Laden sich einfand, reichte ihr Dern das vorbereitete Packet. Da er ihre Frage: „Ist das auch der versprochene Kaffee?“ mit: „Ja, gewiß!“ beantwortete, gab sie ihm seinen Schuldschein zurück und behändigte ihm außerdem bare 2,60 ℳ. Dann begaben sich beide dem vereinbarten Plane gemäß zu dem Kassierer Mach, welchem Dern den von ihm geschriebenen und unterzeichneten Zettel, wonach die Stix Mehl zum Preise von 2,40 ℳ erhalten hätte, hinlegte. Mach, nichts Böses ahnend, ließ die Stix lediglich die 2,40 ℳ zahlen und sodann mit ihrem Packe unbeanstandet aus dem Laden sich entfernen.

Dem Burg wollte Dern für seinen Freundschaftsdienst die 2,60 ℳ, die er in Gegenwart desselben von der Stix erhalten hatte, schenken. Burg schob aber das Geld zurück und raunte dem Dern zu: „Kaufe Zigarren für uns beide!“ Diesem Ansinnen entsprechend kaufte Dern über Mittags für die 2,60 ℳ in einem anderen Geschäfte 25 Stück Zigarren, von denen er für sich 10 Stück behielt, die restigen 15 Stück aber dem sich für die Gabe bestens bedankenden Burg überließ. Mit dem von der Stix zurückempfangenen Schuldschein zündete Dern die erste seiner Zigarren an.

Als die Stix, nach Hause zurückgekommen, das im Laden des Robt erhaltene Packet öffnete, nahm sie sofort wahr, daß ihr Dern statt der versprochenen besseren Sorte Kaffee eine minderwertige gegeben hatte. Sie erboste über das Verhalten des Dern dergestalt, daß sie, ohne an die unangenehmen Folgen zu denken, die dieser Schritt möglicherweise auch für sie haben könne, zum nächsten Gendarmen eilte und diesem den ganzen Vorgang erzählte; sie unterschrieb auch sofort bei demselben einen Strafantrag gegen Dern wegen Beleidigung ihrer Tochter und, als sie der Gendarm darauf aufmerksam machte, daß vielleicht doch die Erzählung des Dern über seinen Verkehr mit ihrer Marie sich in Richtigkeit verhalten könnte, auch einen eventuellen Strafantrag gegen Dern wegen Verführung derselben.

Wegen welcher strafbaren Handlungen können Karl Dern, Johanna Stix und Philipp Burg verfolgt werden?

Die Entscheidung ist zu begründen.

2. Der Graf Reichenbach besitzt in der Nähe der Ortschaft Buchendorf einen etwa 30 Hektar umfassenden Wildpark, der allseits mit einem mannshohen Stangenzaun umfriedigt ist, und in welchem sich außer der Diensthütte der

Parkwächter eine menschliche Wohnung nicht befindet. Der Zutritt zu dem Parke, dessen Thüre auch stets mit einem Schlosse versperrt gehalten wird, ist dem Publikum nicht gestattet.

Am 20. Oktober 1893 bei Tagesanbruch stiegen der Zimmermann Xaver Hohenberger und sein siebzehnjähriger Sohn Anton, um zu wildern, über den Zaun in den Park ein. Xaver Hohenberger trug ein Abschraubgewehr bei sich, dessen einzelne Teile er mit allerlei Handwerkszeug vermengt in einem Sacke verborgen hatte. Anton Hohenberger war nicht bewaffnet, da er seinem Vater lediglich als Treiber und eventuell als Träger dienen sollte. Nachdem beide etwa 100 Schritte in den Park vorgedrungen waren, fanden sie, bevor noch Xaver Hohenberger sein Gewehr aus dem Sacke genommen, zusammengesetzt und geladen hatte, in einem Gebüsch das noch gut erhaltene, abgeworfene Geweih eines Zwölfender-Hirsches, das einen Handelswert von mindestens zwanzig Mark hatte.

Xaver Hohenberger hob das Geweih auf, um es zu veräußern; auf Vorhalt seines Sohnes aber, daß man sich durch den Besitz eines solchen Hirschgeweihes überall verdächtig machen würde, beschlossen beide, das Geweih zurückzulassen, dasselbe aber, damit kein Parkwächter die vom Grafen für die Ablieferung solcher abgeworfener Geweihe ausgesetzte Belohnung erhalte, an Ort und Stelle unter Moos und Erde im Wald zu vergraben.

Während beide mit dieser Arbeit beschäftigt waren, sprangen die gräflichen Parkwächter und Jagdaufseher Leistner und Fritsch, welche von einem Hinterhalte aus das Treiben der Hohenberger beobachtet und deren Gespräch belauscht hatten, aus ihrem Verstecke hervor und erklärten die beiden Hohenberger für verhaftet.

Xaver Hohenberger, der den Sack mit dem Gewehre in der Bestürzung fallen ließ, warf sich auf Leistner und rang mit diesem; Anton Hohenberger griff nach dem Sack, in dem sich das Gewehr befand, und rief dem Fritsch zu:

„Zurück oder ich schieße!“ Er wurde aber alsbald von dem Fanghunde des Fritsch niedergerissen und von letzterem gefesselt, worauf die beiden Aufseher auch den Xaver Hohenberger überwältigten.

Welcher strafbaren Handlungen haben sich Xaver und Anton Hohenberger schuldig gemacht, und wie sind dieselben — vorausgesetzt, daß Anton Hohenberger die nach § 57 St.-G.-B. erforderliche Einsicht besaß — im Höchst- und im Mindestmaß zu bestrafen?

Die Entscheidung ist zu begründen.

II. Aufgabe
aus dem Strafrechte und dem Strafprozeßrechte.

1. Die Brüder Mathias und Jakob Lauber besaßen und bewirtschafteten gemeinschaftlich ein Bauernanwesen im Dorfe N. Das Anwesen bewohnten außer ihnen die abgehausten Bauerneheleute Joseph und Anna Ried, welche dasselbe früher innegehabt hatten und nun bei den jetzigen Besitzern als Knecht und Magd dienten. Auch Mathias und Jakob Lauber waren von Gläubigern hart bedrängt, so daß ihnen ein „Brandunglück“ nicht unwillkommen gewesen wäre, weil ihnen eine ansehnliche Brandschadenentschädigung in Aussicht stand, nachdem die Gebäulichkeiten entsprechend versichert waren und sie ihre Mobilien, Vieh und sonstiges Inventar zu Anfang des Jahres 1893 bedeutend über den Wert versichert hatten.

Mathias Lauber faßte schließlich den Plan, das Anwesen selbst in Brand zu setzen und wählte hiezu den Monat September 1893, während dessen Jakob Lauber zu militärischen Uebungen einberufen war. Er verbrachte daher nach und nach heimlich die wertvolleren Bestandteile des Inventars zu einem befreundeten Bauern in einem Nachbardorfe, in der Absicht, dieselben vor dem Verbrennen zu retten, gleichwohl aber hiefür eine Brandentschädigung zu fordern, und wollte endlich am Sonntag, den 24. September, die Brandlegung ausführen.

Zehn Schritte von dem aus Wohnhaus und Stall bestehenden Hauptgebäude entfernt, befand sich ein zu dem Anwesen gehöriger, mit Heu und Stroh gefüllter Holzschupfen, welcher, weil erst neu errichtet, ebenso wie sein Inhalt noch nicht gegen Brandschaden versichert war. In diesen Schupfen stellte er nachmittags um 6 Uhr ein offenes Licht, welches nach Ablauf von drei bis vier Stunden so weit niedergebrannt sein mußte, daß das Feuer den ringsum lagernden Heu- und Strohvorrat erfassen und dadurch zunächst den Schupfen, dann aber auch bei der herrschenden Windrichtung notwendig das zum Teil aus Holz erbaute Hauptgebäude in Brand setzen mußte.

Bei seiner Thätigkeit im Schupfen wurde Mathias Lauber von seinem unvermutet heimgekehrten Bruder überrascht. Er setzte denselben nunmehr von dem Geschehenen und dem Zwecke seiner Vorkehrungen genau in Kenntnis, worauf aber Jakob Lauber, scheinbar ärgerlich, erklärte, „auf solche Geschichten lasse er sich nicht ein, das könne schlimm ausgehen, und, was daher sein Bruder thue, geschehe auf dessen alleinige Gefahr". Im übrigen legte Jakob Lauber, der wohl einsah, daß sie nur noch ein Brand vor dem Ruine retten könne, dem Vorgehen seines Bruders weiter kein Hindernis in den Weg, sondern er begab sich in das etwa 50 Schritte entfernte Dorfwirtshaus, wohin ihm nach einigen Minuten auch sein Bruder folgte, und wo Letzterer, um sich für alle Fälle einen Alibibeweis zu sichern, nicht unterließ, sich von Zeit zu Zeit dem, wie immer an den Sonntagen, anwesenden Bürgermeister des Ortes bemerkbar zu machen.

Nach 8 Uhr abends schlich sich Jakob Lauber vom Wirtshause nach dem Schupfen, um sich über den Stand der Sache zu unterrichten. Er überzeugte sich, daß das herabbrennende Licht in einiger Zeit die umliegenden Heu- und Strohvorräte entzünden werde, und dachte nun wohl daran, das Licht auszulöschen. In dem inneren Kampfe zwischen Gewissen, Eigennutz und Furcht vor dem gewaltthätigen älteren Bruder Mathias siegten aber schließlich der Eigennutz und die Furcht. Jakob Lauber entfernte sich wieder und ließ den Dingen ruhig ihren Lauf. Zuvor waren jedoch Joseph und Anna Ried, welche das auffällige Benehmen des Jakob Lauber bemerkt hatten, diesem heimlich gefolgt. Als sie denselben durch die halb geöffnete Thüre des Schupfens vor dem brennenden Lichte stehen sahen, gewannen sie, nachdem ihnen auch schon das nächtlicherweile erfolgte Wegschaffen von Mobilien nicht entgangen war, sofort die Ueberzeugung, daß es hier auf eine Brandstiftung abgesehen sei. Sie begaben sich daher sogleich — es war damals etwa 8$^1/_2$ Uhr und mußte es offensichtlich noch einige Zeit bis zur Entzündung der Heu- und Strohvorräte durch das aufgestellte Licht währen — bevor noch Jakob Lauber den Schupfen verlassen hatte, in hämischer Freude darüber, daß das Anwesen, das sie bisher stets an ihren Vermögensverfall erinnert hatte, nun von dem Erdboden verschwinden solle, auf den Dachraum des Wohnhauses, wo sie ihre Schlafstellen hatten, um ihre geringen Habseligkeiten noch vor Ausbruch des Feuers in Sicherheit zu bringen und sich alsdann möglichst bald aus dem Staube zu machen. Bei dem Zusammenpacken ihrer Habe, welches nur wenige Minuten in Anspruch nahm, benützten sie ein offenes Kerzenlicht, das Anna Ried aus der Küche geholt hatte und neben ihrem Ehemann aufstellte. Während dieser damit beschäftigt war, einen Rock seiner Ehefrau in den Koffer zu legen, kam er zu nahe an das Licht. Der Rock fing sofort Feuer, welches sich zugleich einem in der Nähe gelagerten Vorrate von Flachs und Werg mitteilte. Alsbald griff das Feuer weiter um sich und es entwickelte sich ein solcher Qualm, daß die ohnehin schwächliche Anna Ried betäubt zu Boden sank und in den Flammen zu grunde ging, während sich Joseph Ried nur mit Mühe zu retten vermochte. So brannte zwar das Hauptgebäude vollständig nieder, dagegen blieb der Schupfen unversehrt. Ein unmittelbar vor Ausbruch des Brandes niedergegangener kurzer Regenguß hatte durch eine Lücke in der

Bedachung des Schupfens das aufgestellte Kerzenlicht ausgelöscht.

Eine Brandentschädigung konnten Mathias und Jakob Lauber nicht liquidiren, weil sie bereits am Tage nach dem Brande wegen Verdachts der Brandstiftung verhaftet wurden und einige Tage später über ihr Vermögen der Konkurs eröffnet wurde.

I. Wie ist das Verhalten des Mathias und des Jakob Lauber und des Joseph Ried strafrechtlich zu beurteilen?

II. Wie wäre das Verhalten der Vorgenannten unter nachstehenden Voraussetzungen strafrechtlich zu beurteilen?

Kurz nach Ausbruch des Brandes im Hauptgebäude geriet durch das im Schupfen aufgestellte Kerzenlicht auch dieser in Flammen, welche ihn vollständig zerstörten. Uebrigens wäre der Schupfen unter allen Umständen mit verbrannt, da während des Brandes des Hauptgebäudes der Wind sich plötzlich drehte und eine solche Menge Funken nach der Richtung des Schupfens jagte, daß dieser notwendig auch hiedurch in Brand gesetzt worden wäre. Die plötzliche Drehung des Windes und die Heftigkeit desselben verursachten auch die Einäscherung des 100 Schritte vom Lauber'schen Anwesen entfernten Wohngebäudes des Schusters Meier, indem durch ein von der Brandstätte hergewehtes Stückchen brennenden Holzes das mit Holzschindeln gedeckte Dach entzündet wurde.

Ob das Stück brennenden Holzes vom Hauptgebäude oder von dem Schupfen herrührte, war nicht zu ermitteln.

Die Entscheidung ist zu begründen.

2. Schriftsteller und Redakteur Franz Weser gibt in München ein Wochenblatt, „Der Humor“ betitelt, heraus. Er hat mit dem Verleger der in Augsburg erscheinenden „Stadtzeitung“ einen Vertrag abgeschlossen, wonach er letzterem gegen eine jährliche Zahlung von fünfhundert Mark jeweils 800 Exemplare jeder Nummer des „Humor“ überläßt, die dieser den an den Sonntagen ausgegebenen Nummern der Stadtzeitung als eine Unterhaltungsbeilage gratis beigibt.

Auch auf den für die „Stadtzeitung“ überlassenen Exemplaren des „Humor“ ist Weser als Herausgeber und verantwortlicher Redakteur gezeichnet. Die Exemplare des „Humor“, die der „Stadtzeitung“ beigelegt werden, unterscheiden sich nur dadurch von den in München im Selbstverlag des Weser ausgegebenen, daß sie unter der Titelüberschrift „Der Humor“ den Beisatz führen: „Unterhaltungsblatt zur Augsburger Stadtzeitung“.

In der Nummer 27 des „Humor“ vom Jahrgang 1893 waren nun zur Preisbewerbung für die Abonnenten zwei Rätsel ausgeschrieben und deren Lösern, die sich durch die Abonnementquittung als Abonnenten des Humor selbst oder der Augsburger Stadtzeitung ausweisen würden, bestimmte Gewinnste versprochen.

Dies Preisausschreiben gab dem Staatsanwalt bei dem k. Landgerichte Augsburg Veranlassung, gegen Weser, der eine obrigkeitliche Erlaubnis nicht erholt hatte, wegen Vergehens aus § 286 St.-G.-B. öffentliche Klage zu erheben.

Nach durchgeführter Voruntersuchung stellte der Staatsanwalt an die Strafkammer des Landgerichts Augsburg den Antrag, gegen Weser das Hauptverfahren wegen des bezeichneten Vergehens vor dem Schwurgerichte beim k. Landgerichte Augsburg auf grund der §§ 7, 201, 207 der Strafprozeßordnung und Art. 35 des Ausführungsgesetzes zum Gerichtsverfassungsgesetze zu eröffnen.

Der Angeschuldigte Weser ließ, nachdem ihm die Anklageschrift zugestellt war, durch den von ihm gewählten Verteidiger, Rechtsanwalt Funk in München, Einwendungen einreichen, in welchen ausgeführt wurde, daß den Gerichten in Augsburg jede Zuständigkeit zu seiner Aburteilung fehle, da „Der Humor“ in München, wo er selbst auch seinen Wohnsitz habe, redigiert und verlegt werde, und in welchen zum Schlusse gebeten wurde:

> es möge sich das Landgericht Augsburg für unzuständig erklären, ihn bezüglich der vom Staatsanwalt bei diesem Gerichte erhobenen Anklage außer Ver-

folgung setzen und die erwachsenen Kosten der Staatskasse auferlegen.

Die Strafkammer des Landgerichts Augsburg beschloß am 25. September 1893 unter Ablehnung der Einwendungen des Angeschuldigten Eröffnung des Hauptverfahrens gegen denselben wegen Vergehens aus § 286 St.-G.-B. vor der Strafkammer.

Dieser Beschluß kam mit den Akten dem Staatsanwalt am 27. September zu, worauf der letztere Abschrift desselben unterm 2. Oktober dem Angeklagten ordnungsgemäß zustellen ließ. Staatsanwalt sowohl wie Angeklagter legten gegen den Strafkammerbeschluß das Rechtsmittel der sofortigen Beschwerde ein, weil ihren Anträgen — auf Eröffnung des Hauptverfahrens vor dem Schwurgerichte und beziehungsweise auf Unzuständigkeitserklärung des Augsburger Gerichts, Außerverfolgungsetzung des Angeklagten und Ueberweisung der Kosten auf die Staatskasse — nicht entsprochen worden sei.

Die Beschwerde des Staatsanwalts gelangte am 4., die des Angeklagten am 9. Oktober 1893 in den Einlauf der Gerichtsschreiberei des k. Landgerichts Augsburg, von welcher die betreffenden Schriftstücke je Tags darauf dem Vorsitzenden der Strafkammer in Vorlage gebracht wurden.

Unter selbstgewähltem Datum und selbstgewählten Namen der an der Beschlußfassung teilnehmenden Richter ist die motivierte Entscheidung, die das Beschwerdegericht zu treffen hat, zu entwerfen.

III. Aufgabe
aus dem Strafrechte und dem Strafprozeßrechte.

1. Der 17 Jahre alte, vaterlose Schreinerlehrling Karl Unkraut in N war schon seit längerer Zeit dem Schneidermeister Dürftig daselbst aufsässig. Um demselben einen Streich zu spielen, sägte Karl Unkraut am 23. Dezember 1892 aus der Brücke, welche über den damals festgefrorenen Bach zu

dem außerhalb des Ortes gelegenen Anwesen des genannten Schneidermeisters führte, ein Brett heraus, in der sicheren Erwartung, daß der etwas dem Trunk ergebene Xaver Dürftig bei der abendlichen Heimkehr vom Wirtshause durch die beschädigte Brücke hindurchfallen werde. Allein diese Absicht kam insoferne nicht zur Verwirklichung, als der Schneidermeister Dürftig an dem Abende des 23. Dezember infolge eines plötzlich eingetretenen Unwohlseins zu Hause blieb. Dagegen fiel der Bader Johann Schröpf in N, der Vormund des Karl Unkraut, durch die Oeffnung der Brücke hindurch, als er sich zu Xaver Dürftig begeben wollte, um demselben ärztliche Hilfe zu leisten. Schröpf erlitt durch den Sturz auf die Eisfläche eine heftige Gehirnerschütterung; allein bedenklichere Wirkungen stellten sich für die nächste Zeit nicht ein. Der Polizeidiener Georg Muth in N, welcher schon längst auf den wegen seiner Ungezogenheit berüchtigten Karl Unkraut ein besonderes Augenmerk gerichtet hatte, erhielt von dem Vorfalle Kenntnis und erstattete Anzeige hierüber.

Daraufhin erhob der Staatsanwalt bei dem Landgerichte B Anklage gegen Karl Unkraut wegen eines mittels einer das Leben gefährdenden Behandlung begangenen Vergehens der gefährlichen Körperverletzung und wegen einer Uebertretung des groben Unfugs und beantragte die Ueberweisung der Verhandlung und Entscheidung der Sache an das Schöffengericht bei dem Amtsgerichte K. Am 5. Januar 1893 beschloß die Strafkammer des Landgerichts B die Eröffnung des Hauptverfahrens gegen Karl Unkraut wegen eines Vergehens der gefährlichen Körperverletzung im sachlichen Zusammenflusse mit einer Uebertretung des groben Unfugs und überwies die Verhandlung und Entscheidung der Sache an das Schöffengericht bei dem Amtsgerichte K. Am 7. Februar 1893 fand bei diesem Gerichte die Hauptverhandlung gegen Karl Unkraut statt. Derselbe legte ein unumwundenes Geständnis ab und räumte insbesondere ein, daß er bei Begehung der That gewußt habe, daß das, was er thue, verboten und strafbar sei. Der als Sachverständiger vernommene Bezirksarzt erklärte, daß nach der ganzen Sachlage durch die von dem Angeklagten vorgenommene Handlung eine Lebensgefährdung nicht habe herbeigeführt werden können, wohl aber eine nicht unerhebliche Gesundheitsstörung. Auf grund des Ergebnisses der Hauptverhandlung sprach das Schöffengericht durch sofort verkündetes Urteil den Karl Unkraut von der Anklage wegen eines Vergehens der Körperverletzung frei, verurteilte denselben dagegen wegen einer Übertretung des groben Unfugs in eine Haftstrafe von 6 Wochen. In den Entscheidungsgründen wurde unter Anderem ausgeführt, daß im Hinblick auf das Gutachten des Bezirksarztes der Thatbestand eines Vergehens der gefährlichen Körperverletzung mangels des Merkmales der das Leben gefährdenden Behandlung als gegeben nicht zu erachten sei und das die Verfolgung des Karl Unkraut wegen eines Vergehens der leichten Körperverletzung ausgeschlossen sei, nachdem der Verletzte einen Strafantrag nicht gestellt habe.

Unmittelbar nach der Urteilsverkündung fand sich der Schneidermeister Dürftig, auf dessen Vernehmung in der Hauptverhandlung verzichtet worden war, bei dem Amtsanwalte, welcher die Anklage vertreten hatte, ein und erklärte, Unkraut müsse auch dafür bestraft werden, daß er die ihm — Dürftig — gehörige Brücke beschädigt habe, durch deren Ausbesserung 15 ℳ Kosten erwachsen seien. Der Amtsanwalt nahm diese Erklärung des Schneidermeisters Dürftig, von dem ein Strafantrag bisher nicht erholt worden war, zu Protokoll und legte am 10. Februar gegen das schöffengerichtliche Urteil die Berufung zum Landgerichte B ein. In der Berufungseinlegung erklärte er, daß er zwar das schöffengerichtliche Urteil, insoweit der Angeklagte von der Anklage wegen eines Vergehens der Körperverletzung freigesprochen worden sei, weder anfechten könne noch wolle, daß aber Karl Unkraut sich nicht nur einer Übertretung des groben Unfugs, sondern auch eines Vergehens der Sachbeschädigung schuldig gemacht habe, hinsichtlich dessen nunmehr Strafantrag vorliege. Der Vorschrift in dem Schlußsatze des § 361 der R.-Str.-P.-O. wurde genügt. Da ferner der Vormund des Karl Unkraut, der Bader Schröpf, bei der Verkündung des schöffengerichtlichen Urteils nicht anwesend war, ließ der Amtsanwalt das Urteil dem Schröpf zustellen. Die Zustellung erfolgte am 11. Februar. Der Kommissionär Schneider in N legte daraufhin namens des Baders Schröpf als des Vormundes des Karl Unkraut am 12. Februar gleichfalls beim Amtsgerichte K die Berufung gegen das schöffengerichtliche Urteil vom 7. Februar zum Landgerichte B ein, da die gegen Karl Unkraut ausgesprochene Strafe zu strenge bemessen sei, und erbot sich, nachträglich die Vollmacht seines Auftraggebers Schröpf in Vorlage zu bringen. Am 15. Februar kam diese Vollmacht in den Gerichtseinlauf. Am 15. März fand vor der Strafkammer des Landgerichts B die Berufungsverhandlung statt. In dieser führte Karl Unkraut den Bader Schröpf als Zeugen dafür vor, daß er sich bisher stets gut betragen habe. Bei der Vernehmung dieses Zeugen ergab sich, daß derselbe infolge der bei dem Sturze durch die Brücke erlittenen Gehirnerschütterung nachträglich das Gehör verloren hatte. Dies wurde namentlich auch durch den zufällig bei der Verhandlung anwesenden Landgerichtsarzt bestätigt. Der Staatsanwalt beantragte nunmehr den Karl Unkraut wegen eines Verbrechens nach § 321 Abs. 2 des R.-St.-G.-B. in eine Gefängnisstrafe von einem Jahre zu verurteilen. Der Angeklagte, welcher auf die Veränderung des rechtlichen Gesichtspunktes besonders hingewiesen worden war, bat um Ermäßigung der gegen ihn ausgesprochenen Strafe auf die Hälfte.

Wie hat das Berufungsgericht in der Schuldfrage zu entscheiden, und, falls aus rechtlichen Gründen der Strafausspruch des schöffengerichtlichen Urteils abzuändern ist, innerhalb welchen Strafrahmens ist die Strafe zu bemessen? Die Entscheidung ist zu begründen.

2. Das Schöffengericht bei dem Amtsgerichte Neuhaus hat in öffentlicher Sitzung vom 27. September 1893 in der Anklagesache wider den Bauernsohn Valentin Reichel von Friesheim wegen gefährlicher Körperverletzung folgendes Urteil erlassen:

I. Der Angeklagte wird von dem ihm zur Last gelegten Vergehen der Körperverletzung unter Überbürdung sämtlicher Kosten auf die Staatskasse freigesprochen.

II. Der zu Gerichtshanden gekommene Gehstock wird dem Angeklagten hinausgegeben.

In den Gründen zu dieser Entscheidung ist ausgeführt:

Durch das Geständnis des Valentin Reichel im Zusammenhalt mit der glaubwürdigen Aussage des Zeugen, Dienstknechts Xaver Ruhwandl von Friesheim, steht zwar fest, daß Reichel den Ruhwandl am 1. August 1893 im Wirtshause zu Friesheim anläßlich eines Wortwechsels vorsätzlich und rechtswidrig durch Stockschläge mit der Folge dreitägiger Arbeitsunfähigkeit mißhandelt hat Dagegen konnte sich das Schöffengericht nicht überzeugen, daß der von Reichel nach seiner — unwiderlegt gebliebenen — Behauptung zur That benützte, zu Gerichtshanden gekommene leichte Gehstock ein gefährliches Werkzeug im Sinne des § 223a des Reichs-Strafgesetzbuches darstellt, wie dies die Strafkammer des Landgerichts M in ihrem Beschlusse vom 24. August 1893 angenommen hat, mit welchem sie das Hauptverfahren gegen Reichel eröffnete und die Verhandlung und Entscheidung dem Schöffengericht Neuhaus überwies.

Wenn demnach die Handlung des Reichel sich nicht als Vergehen der gefährlichen, sondern nur als Vergehen der einfachen Körperverletzung nach § 223 St.-G.-B. charakterisiert, so war Reichel, da der verletzte Ruhwandl den nach § 232 l. c. in solchen Fällen erforderliche Strafantrag nicht gestellt hat, gemäß § 61 ibid. straffrei zu belassen und demzufolge auch der ihm gehörige Gehstock wieder an ihn hinauszugeben. Für den Ausspruch im Kostenpunkt sind die §§ 496 und 499 der Strafprozeßordnung maßgebend.

Es war demnach in allen Teilen zu erkennen, wie geschehen.

Unmittelbar nach Verkündung dieses Urteils gab der Amtsanwalt auf die Vorstellung des Reichel, daß er am 1. Oktober als Rekrut bei seinem Truppenteil einrücken müsse und daß er den Ruhwandl auf alle Fälle schadlos halten werde, in öffentlicher Sitzung zu Protokoll des Gerichtsschreibers die Erklärung ab, daß er seinerseits auf Berufung verzichte.

Reichel begab sich nach der Verhandlung mit seinen Freunden in's Wirtshaus, erklärte dort, daß es ihm nunmehr gar nicht einfalle, dem Ruhwandl eine Entschädigung zu bezahlen, nachdem Freisprechung erfolgt sei, und fügte noch bei, daß er übrigens den Ruhwandl gar nicht mit dem zu Gerichtshanden gekommenen leichten Gehstock, sondern mit einem schweren Totschläger getroffen habe. Letztere Angabe des Reichel wurde von mehreren Bekannten des Reichel, die bei dem Raufhandel am 1. August 1893 im Wirtshause zugegen gewesen waren, alsbald als richtig bestätigt.

Von diesen Aeußerungen des Reichel und seiner Bekannten erhielt Ruhwandl, der nur mit Rücksicht auf ein ihm vom Reichel versprochenes Geldgeschenk seinerzeit Strafantrag nicht gestellt hatte, schon am 28. September 1893 glaubhafte Kenntnis.

Er verfügte sich sofort zu dem Amtsanwalt, der tags zuvor die Anklage gegen Reichel vertreten hatte, und erzählte ihm das Geschehene. Beide waren in dem Bestreben einig, nachträglich noch eine Verurteilung des Reichel wegen Körperverletzung herbeizuführen.

Auf welchem prozessualen Wege konnten sie ihr Ziel erreichen?

Die Entscheidung ist zu begründen.

Praktischer Fall
für die erste Abteilung der zweiten Prüfung der Rechtskandidaten in den Landesteilen rechts des Rheins im Jahre 1893.

Die Kandidaten haben die auf grund der mündlichen Verhandlung vom 4. Dezember 1893 zu erlassende Entscheidung nach Maßgabe der in der Zivilprozeßordnung enthaltenen Vorschriften auszuarbeiten, die Darstellung des Thatbestandes kann unterbleiben. In den Entscheidungsgründen sind alle in den mündlichen Vorträgen geltend gemachten Gesichtspunkte zu würdigen.

Neben den Reichsgesetzen ist das Gemeine Recht mit den für dessen ganzes Gebiet in Bayern geltenden Landesgesetzen anzuwenden.

Der zur Rechtsanwaltschaft bei dem Königlichen Landgerichte Weißenberg zugelassene Rechtsanwalt Krämer erhob als Bevollmächtigter des Baumeisters Friedrich Stein in Weißenberg gegen den Kaufmann Karl Reinhard in Weißenberg eine an das Königliche Landgericht Weißenberg gerichtete Klage.

Auf Einreichung der Klageschrift bei der Gerichtsschreiberei des Prozeßgerichts wurde zur mündlichen Verhandlung des Rechtsstreits Termin auf den 4. Dezember 1893 vormittags neun Uhr vor der ersten Zivilkammer des Landgerichts bestimmt.

Der Beklagte, dem die Klageschrift am 30. Oktober 1893 zugestellt wurde, bestellte als Prozeßbevollmächtigten den zur Rechtsanwaltschaft bei dem Prozeßgerichte zugelassenen Rechtsanwalt Freund.

Die Anwälte der Parteien wechselten die erforderlichen vorbereitenden Schriftsätze.

Die erste Zivilkammer des Prozeßgerichts war in der zur mündlichen Verhandlung des Rechtsstreits bestimmten

Sitzung mit folgenden Richtern besetzt: Landgerichtspräsident Günther, Landgerichtsräte Körner und Ebert. Als Gerichtsschreiber leistete Dienst der geprüfte Rechtspraktikant Schulz.

Bei dem Aufrufe der Sache waren die Rechtsanwälte Krämer und Freund erschienen. Der Vorsitzende eröffnete die mündliche Verhandlung. Es verlas hierauf der Rechtsanwalt Krämer aus der Klageschrift den Antrag:

„Das Königliche Landgericht wolle den Beklagten verurteilen, 5000 Mark nebst 6 % Zinsen daraus vom 1. Mai 1893 an an den Kläger zu bezahlen, und ihm die Kosten des Rechtsstreits auferlegen",

sodann der Rechtsanwalt Freund aus der Klagebeantwortungs- und Widerklageschrift den Antrag:

„Das Königliche Landgericht wolle die Klage abweisen und den Widerbeklagten zur Bezahlung von 1500 Mark nebst 5 % Zinsen daraus vom 1. November 1892 an an den Widerkläger, sowie zur Tragung der Kosten des Rechtsstreits verurteilen".

Der Vorsitzende erteilte hierauf das Wort dem Rechtsanwalte Krämer. Dieser trug folgendes vor:

„Durch einen Vertrag, den der Gastwirt Ludwig Winter in Weißenberg und der Baumeister Friedrich Stein am 15. Juni 1892 schriftlich mit einander schlossen, verpflichtete sich Stein, auf dem Grundstücke des Gasthofs zur goldenen Krone in Weißenberg ein neues Stallgebäude mit Einschluß der gesamten inneren Einrichtung und Ausstattung nach dem von ihm entworfenen, von der Baupolizeibehörde genehmigten Plane bis zum 1. November 1892 herzustellen. Der Besteller Winter dagegen verpflichtete sich durch den Vertrag zur Entrichtung einer Vergütung von zwanzigtausend Mark an den Unternehmer Stein. Bezüglich dieser wurde vereinbart, daß sie in vier gleichen Teilbeträgen bezahlt werde, von denen der erste am 2. November, 1892 der zweite am 1. Januar 1893, der dritte am 1. März 1893, der vierte am 1. Mai 1893 fällig werde.

Einige Wochen, nachdem Stein den Bau begonnen hatte, kamen ihm Gerüchte darüber zu Ohren, daß die Zahlungsfähigkeit des Bestellers zweifelhaft sei. Er verlangte daher von ihm Sicherheitsleistung für die Erfüllung seiner Verbindlichkeit durch Bestellung einer Hypothek an dem Gasthofsgrundstücke. Winter lehnte diese Art der Sicherheitsleistung ab, sicherte ihm aber die Stellung eines tüchtigen Bürgen zu. Wenige Tage darauf überschickte er dem Stein die Urschrift einer Urkunde folgenden Wortlauts:

„Bürgschaftsschein.

Mein Schwiegersohn Ludwig Winter hat sich durch einen Vertrag vom 15. Juni 1892 verpflichtet, dem Baumeister Herrn Friedrich Stein für die Herstellung eines neuen Stallgebäudes im Gasthofe zur goldenen Krone am 2. November 1892, 1. Januar, 1. März und 1. Mai 1893 je fünftausend Mark zu bezahlen. Ich verpflichte mich, für die Erfüllung dieser Verbindlichkeit meines Schwiegersohns einzustehen.

Weißenberg am 1. August 1892.

Karl Reinhard."

Der Unternehmer hat den Bau vertragsgemäß hergestellt, von der vereinbarten Vergütung aber bisher nur fünfzehntausend Mark bezahlt erhalten. Wegen des Anspruchs auf den Rest von fünftausend Mark und 6 % Zinsen daraus vom 1. Mai 1893 an erwirkte er am 23. September 1893 im Mahnverfahren einen Vollstreckungsbefehl des hiesigen Amtsgerichts gegen den Schuldner. Zur Zwangsvollstreckung aus dem Vollstreckungsbefehle beantragte er die Vormerkung einer Hypothek an dem Gasthofanwesen. Der Antrag wurde aber vom Amtsgerichte am 2. Oktober abgelehnt, weil als Eigentümer des Anwesens nicht der Schuldner, sondern der Kaufmann Karl Reinhard in das Hypothekenbuch eingetragen sei. Erst hiedurch erfuhr der Baumeister Stein, daß der Gasthof nicht Eigentum des Ludwig Winter ist. Hätte er dies schon von Anfang an gewußt, so würde er selbstverständlich von Winter die Bestellung eines so namhaften Bauwerks überhaupt nicht angenommen haben. Ob es von Winter redlich gehandelt war, die Thatsache, daß er nicht Eigentümer des Gasthofs ist, bei den dem Abschlusse des Vertrags vorangegangenen Unterhandlungen zu verschweigen, unterstelle ich dem Urteile des Gerichts. Wie die Dinge nun aber einmal liegen, bleibt dem Stein, um zu seinem Gelde zu kommen, nichts anderes übrig, als die Haftung des Bürgen in Anspruch zu nehmen. Ich wiederhole hiernach den verlesenen Klageantrag".

Der Vorsitzende erteilte hierauf das Wort dem Rechtsanwalte Freund. Dieser trug folgendes vor:

„Ich muß meine Verwunderung darüber ausdrücken, daß dem Kläger unbekannt gewesen ist, wie es sich mit dem Eigentum an dem Gasthofe zur goldenen Krone verhält. Es ist hier wohl ziemlich allgemein bekannt, daß Ludwig Winter niemals Eigentümer des Gasthofs war, sondern daß der Kaufmann Reinhard, als er im Jahre 1887 seine Tochter jenem zur Frau gab, das Anwesen für sich erwarb und es seinem Schwiegersohne nur zur Benützung und Bewirtschaftung überließ. Hätte sich der Kläger über die Verhältnisse einigermaßen erkundigt, so würde er den Sachverhalt erfahren haben.

Der Beklagte steht übrigens dem Abschlusse des Vertrags vom 15. Juni 1892 thatsächlich und rechtlich vollständig fern. Ludwig Winter bewirtschaftete den Gasthof von Anfang an ganz auf eigene Rechnung, der Beklagte war daran nicht einmal mittelbar beteiligt, denn er hatte die Benützung und Bewirtschaftung des Anwesens seinem Schwiegersohn unentgeltlich überlassen. Das einzige, was nach der über das Rechtsverhältnis getroffenen Vereinbarung dem Winter oblag, war — und das verstand sich wohl von selbst, — daß er die Zinsen des auf dem Anwesen liegenden Hypothekkapitals an den Gläubiger zu zahlen hatte. Reinhard war auch, als ihm sein Schwiegersohn im Frühjahre 1892 mitteilte, daß er ein Stallgebäude in dem Anwesen zu erbauen beabsichtige, mit diesem Vorhaben nicht einverstanden und lehnte sein Ansinnen, zur Bestreitung der Kosten des Baues ein Hypothekkapital aufzunehmen, mit Entschiedenheit ab. Er war der Ueberzeugung, daß die Verhältnisse des Gasthofs zu klein und der Fremdenverkehr in unserer Stadt zu schwach sei, als daß sich die Anschaffung von vier Pferden, eines Gasthofomnibus und zweier Chaisen und die hiedurch dann allerdings auch notwendig werdende Erbauung eines Stalls nebst einer Wagenremise und den sonstigen Nebenräumen rentieren könnte. Ueberdies schien ihm nach den ihm vorgelegten Plänen der Bau und dessen innere Einrichtung viel zu luxuriös werden zu sollen. Er lehnte daher, als Winter gleichwohl auf seinem Vorhaben bestand, jede Verantwortlichkeit und Haftung ausdrücklich ab. Dennoch ließ er sich später durch die Bitten seiner Tochter bewegen, den von ihm so genannten „Bürgschaftsschein" auszustellen.

Ich bestreite übrigens, daß eine rechtlich wirksame Verbürgung des Beklagten für die Schuld seines Schwiegersohns vorliegt. Bürgschaft kann nur durch Vertrag entstehen. Zur Schließung eines Vertrags aber wird erfordert, daß die Vertragschließenden ihren übereinstimmenden Willen sich gegenseitig erklären. Ein einseitiges, nicht angenommenes Versprechen ist unverbindlich. Nur ein solches enthält der Bürgschaftsschein. Sollte daraus ein Vertrag entstehen, so mußte es von dem anderen und zwar rechtzeitig d. h. bis zu dem Zeitpunkte angenommen werden, in dem der Versprechende den Eingang der Antwort unter regelmäßigen Verhältnissen erwarten durfte. Der Verkehrssitte, insbesondere unter Geschäftsleuten, entspricht es, schriftliche Vertragsangebote — als solches will ich das Schriftstück vom

1. August 1892 gelten lassen — alsbald schriftlich zu beantworten. Der Kläger hat es nicht einmal mündlich beantwortet. Nach bekanntem Rechtsgrundsatze ist daher der Beklagte an sein Versprechen oder Angebot nicht mehr gebunden, es erlosch spätestens mit dem Ablaufe des auf den Tag des Empfangs des Bürgschaftsscheins folgenden Tags. Jede spätere Annahme wäre wirkungslos gewesen. Ohne Belang ist daher auch, daß Stein in der nun erhobenen Klage von dem Bürgschaftsscheine gegen Reinhard Gebrauch gemacht hat, wenn man hierin etwa eine Annahme des Bürgschaftsversprechens finden wollte.

Aber selbst wenn es zum Abschlusse eines Bürgschaftsvertrages gekommen wäre, würde die Klage nicht begründet sein. Der Beklagte war nach dem Inhalte seiner schriftlichen Erklärung vom 1. August 1892 Willens, dafür einzustehen, daß sein Schwiegersohn am 2. November 1892, 1. Januar, 1. März und 1. Mai 1893 je fünftausend Mark dem Kläger zahle. Richtig ist, daß Ludwig Winter am 1. Mai fünftausend Mark dem Kläger nicht gezahlt hat. Allein der Kläger hat auch nicht das geringste dazu gethan, nach dem Eintritte der Fälligkeit die Zahlung zu erhalten, bis er endlich im Monate September gerichtliche Hilfe in Anspruch nahm. Inzwischen hatten sich die Verhältnisse seines Schuldners ganz wesentlich verschlimmert — ich werde hierauf später noch zurückkommen, — so daß die Befriedigung des Klägers, die im Mai durch Pfändung leicht hätte herbeigeführt werden können, auf Schwierigkeiten stoßen mußte. Dafür konnte der Beklagte natürlich nicht einstehen wollen, daß der Kläger auch dann zu seinem Gelde komme, wenn er durch Gewährung übel angebrachter Nachsicht seine Befriedigung selbst vereitelte. Das Gesetz schützt ihn denn auch dagegen, daß seine Haftung von unbeschränkter Dauer sei und er vom Gläubiger zu jedem beliebig späten Zeitpunkte nach dem

Eintritte der Fälligkeit der Hauptschuld in Anspruch genommen werde. Hat sich der Bürge für eine zu bestimmter Zeit fällig werdende Schuld verbürgt, so wird er frei, wenn der Gläubiger nicht unverzüglich nach dem Eintritte der bestimmten Zeit die Einziehung der Forderung von dem Hauptschuldner betreibt und das Verfahren ohne Verzögerung fortsetzt, wenn der Gläubiger ferner nicht unverzüglich nach der Beendigung des Verfahrens dem Bürgen anzeigt, daß er ihn in Anspruch nehme. Nichts von alle dem ist geschehen; dem Beklagten insbesondere hat der Kläger davon, daß die am 1. Mai fällige Zahlung nicht erfolgt sei und daß er deshalb ihn als Bürgen in Anspruch nehme, nicht eher und nicht anders in Kenntnis gesetzt, als am 10. Oktober durch einen die Aufforderung zur Zahlung von fünftausend Mark enthaltenden Brief seines Anwalts.

Hätte der Umstand, daß der Kläger unterlassen hat, gegen seinen Schuldner alsbald nach dem Eintritte der Fälligkeit der Schuld mit Klage und Zwangsvollstreckung vorzugehen, nicht die Folge, daß die Haftung des Beklagten wegen Zeitablaufs erloschen ist, so würde er dem in der Klage erhobenen Anspruche aus einem anderen Gesichtspunkte entgegenstehen. Ich will nicht unterlassen, vorsorglich auch diesen geltend zu machen.

Der Bürge kann die Befriedigung des Gläubigers verweigern, solang dieser nicht alle Mittel der Rechtsverfolgung gegen den Hauptschuldner ohne Erfolg versucht hat. Der Kläger hat eine Zwangsvollstreckung gegen den Hauptschuldner überhaupt noch nicht versucht, er hat es namentlich zu der Zeit nicht gethan, in der es noch mit Erfolg hätte geschehen können. Ich habe schon betont, daß eine Pfändung, die im Mai vorgenommen worden wäre, zur Befriedigung des Klägers geführt hätte. Die Einrichtung des Gasthofs freilich hätte niemals gepfändet werden können, denn diese ist

Zubehör des Hauses, daher Eigentum des Beklagten. Dagegen gehörten dem Hauptschuldner die schon erwähnten vier Pferde und drei Wägen, sowie die gesamte Einrichtung des Stallgebäudes, und diese Sachen besaß er damals noch. Auch lag ein nicht unansehnlicher Vorrat ihm gehörigen Weins im Keller des Gasthofs. Jetzt ist von diesen Sachen nichts mehr vorhanden, weil inzwischen andere Gläubiger sie haben pfänden und versteigern lassen, und ich bin zu meinem Bedauern nicht in der Lage, dem Kläger Vermögen des Hauptschuldners namhaft zu machen, aus dem er jetzt noch befriedigt werden könnte. Der Beklagte hat ihm mittlerweile auch die Bewirtschaftung des Gasthofs entzogen, auf dem er sich ohnehin nicht mehr hätte halten können, und hat diesen verpachtet. Winter hat sich nach Wien begeben und eine dienende Stellung in einem dortigen Gasthofe gefunden. Diese Sachlage begründet die Einrede der Vorausklage. Der Beklagte hätte von ihr auch in dem Falle Gebrauch gemacht, wenn der Kläger alsbald nach dem Eintritte der Fälligkeit seiner Forderung ihn als Bürgen in Anspruch genommen hätte. In diesem Falle würde die Einrede die Wirksamkeit des klägerischen Anspruchs nur gehemmt haben. Unter den jetzt bestehenden, völlig geänderten Verhältnissen dagegen bewirkt sie die Aufhebung des klägerischen Anspruchs, weil der Beklagte, wenn er als Bürge den Kläger befriedigen würde, selbst nicht mehr in der Lage wäre, die auf ihn übergehende Forderung des Klägers gegen den Hauptschuldner mit Erfolg geltend zu machen.

Der den Gegenstand der Klage bildende Anspruch ist übrigens auch deshalb erloschen, weil ihm eine Forderung des Hauptschuldners an den Kläger gegenübersteht. In dem Vertrage vom 15. Juni 1892 hat der Kläger sich verpflichtet, das Bauwerk in vollständig fertigem Zustande spätestens am 1. November 1892 dem Besteller zu übergeben, und sich für den Fall, daß er diese Frist nicht einhalten sollte, einer Strafe von hundert Mark für jeden Tag des Verzugs unterworfen. Der Kläger wird nicht in Abrede stellen wollen, daß das Stallgebäude erst am 5. Januar 1893 so weit fertig war, daß es benützt werden konnte. Er hat daher eine Vertragsstrafe von sechstausend und fünfhundert Mark verwirkt. Der vom Gläubiger in Anspruch genommene Bürge kann die dem Hauptschuldner zustehenden Gegenforderungen geltend machen. Von diesem Rechte macht der Beklagte hinsichtlich der soeben bezeichneten Gegenforderung für den Fall Gebrauch, daß der in der Klage geltend gemachte Anspruch vom Gerichte für begründet und wirksam erachtet werden sollte. Bis zum Betrage von fünftausend Mark wird die Forderung gegen die des Klägers aufgerechnet; den überschießenden Betrag von eintausend und fünfhundert Mark nebst Zinsen zu fünf vom Hundert von dem Tage an, an dem er mit der Erfüllung des Vertrags in Verzug gekommen ist, hat der Kläger dem Beklagten zu zahlen Diese Zahlung ist in der von mir erhobenen Widerklage gefordert. Der die Widerklage enthaltende Schriftsatz wurde dem Anwalte des Klägers am 14. November zugestellt."

Zur Entgegnung erhielt hierauf das Wort der Rechtsanwalt Krämer. Dieser äußerte sich folgendermaßen:

„Dadurch, daß das Stallgebäude auf dem dem Beklagten gehörenden Grundstücke des Gasthofs zur goldenen Krone erbaut wurde, ist auch dieser Neubau Eigentum des Beklagten geworden. Welche Folgen sich hieraus für die rechtlichen Beziehungen des Beklagten zu dem Vertrage vom 15. Juni 1892 ergeben, werde ich später erörtern. Zunächst habe ich mich mit dem Beklagten in seiner Eigenschaft als Bürge zu beschäftigen. Die Bemühungen seines Vertreters, ihn von der Verpflichtung zur Erfüllung seiner bürg=

schaftlichen Verbindlichkeit zu befreien, können nach meiner festen Überzeugung den beabsichtigten Erfolg nicht haben.

Es wird ganz übersehen, daß die von dem Beklagten durch die Ausstellung der Urkunde vom 1. Aug. 1892 übernommene Bürgschaft wenigstens auf seiner Seite ein Handelsgeschäft ist. Der Gasthof zur goldenen Krone ist ein Gasthof zweiten Ranges; er enthält mindestens dreißig Fremdenzimmer und im Erdgeschosse ansehnliche Räume, in denen in Verbindung mit dem Betriebe des Gasthofs eine Kaffee-, Wein- und Speiserestauration ausgeübt wird. Das in dem Gasthofe betriebene Geschäft geht sohin über den Umfang einer gewöhnlichen Herbergs- und Schankwirtschaft hinaus. Ludwig Winter war daher, solang er den Gasthof bewirtschaftete, Kaufmann im Sinne des Handelsgesetzbuchs. Nicht bloß, weil überhaupt alle Geschäfte eines Kaufmanns Handelsgeschäfte sind, sondern insbesondere auch deshalb, weil das Stallgebäude für den Betrieb des kaufmännischen Gewerbs bestimmt war und benützt wurde, ist der Vertrag vom 15. Juni 1892 ein Handelsgeschäft im Sinne des Handelsgesetzbuches. Beruht die Verbindlichkeit des Hauptschuldners auf einem Handelsgeschäfte, so ist auch die für die Erfüllung der Verbindlichkeit übernommene Bürgschaft ein Handelsgeschäft. Selbst hievon abgesehen aber ist die Bürgschaft, mit der wir es zu thun haben, ein Handelsgeschäft schon deshalb, weil der Bürge ein Kaufmann ist und weil insbesondere die Zeichnung eines Schuldscheins durch einen Kaufmann ein Handelsgeschäft bildet.

Bei der Beurteilung des Rechtsverhältnisses aus diesem Gesichtspunkte liegt es auf der Hand, daß alles, womit von der gegnerischen Seite darzuthun versucht wurde, der gegen den Beklagten als Bürgen erhobene Anspruch sei von Anfang an nicht begründet gewesen oder wenigstens jetzt nicht mehr wirksam, hinfällig ist.

Die Giltigkeit von Handelsgeschäften ist durch schriftliche Abfassung oder andere Förmlichkeiten nicht bedingt. Hiedurch erledigt sich das Eingelenke des Beklagten, daß ein förmlicher Bürgschaftsvertrag nicht vorliege. Auch wenn die soeben erwähnte besondere handelsrechtliche Bestimmung nicht bestände, würde es nicht erforderlich gewesen sein, daß der Kläger das in der Ausstellung des Bürgschaftsscheins enthaltene Versprechen des Beklagten annahm, weil der Bürgschaftsschein ein sogenanntes Schuldversprechen bildet und dieses die Verpflichtung zur Erfüllung ebenso selbständig begründet wie ein Schuldanerkenntnis. Übrigens hat der Kläger das Versprechen dadurch angenommen, daß er den ihm zugesendeten Bürgschaftsschein behielt.

Den vom Beklagten nicht beachteten, besonderen handelsrechtlichen Bestimmungen gegenüber kann ferner die von ihm erhobene Einrede der Vorausklage und alles das andere nicht Stand halten, was er im Zusammenhange mit dieser Einrede zur Abwehr des Klageanspruchs mit vermeintlich teils zerstörender teils wennigstens hemmender Wirkung geltend zu machen versucht hat. Die Einrede der Vorausklage steht dem Bürgen nicht zu, wenn die Schuld aus einem Handelsgeschäfte des Hauptschuldners hervorging oder die Bürgschaft selbst ein Handelsgeschäft ist. Daß von diesen zwei Fällen hier der eine ebenso unzweifelhaft vorliegt wie der andere, habe ich schon erörtert. Die Einrede ist aber auch aus anderen Gründen ausgeschlossen. Ich verweise auf den Wortlaut des Bürgschaftsscheins. Nach diesem hat sich der Beklagte dafür einzustehen verpflichtet, daß am 2. November 1892, 1. Januar, 1. März und 1. Mai 1893 gezahlt werde. Hiemit hat er in der unzweideutigsten Weise auf die Einrede der Vorausklage verzichtet, denn wer die Haftung dafür übernimmt, daß zu der zwischen dem Gläubiger und dem Hauptschuldner vereinbarten Verfallzeit gezahlt werde, kann nicht gleichzeitig verlangen wollen, daß nach dem Eintritte der Fälligkeit zunächst der Hauptschuldner ausgeklagt werde. Mit dem Eintritte der für die Zahlung bestimmten Zeit ist der Anspruch des Gläubigers sowohl gegen den Hauptschuldner als gegen den Bürgen fällig. Der Gläubiger kann die Zahlung nach seinem Belieben von dem einen oder von dem andern fordern. Der Bürge wird von der Verpflichtung zur Zahlung nur dadurch frei, daß der Hauptschuldner rechtzeitig zahlt. Er steht dem Bürgen gleich, der sich als Selbstschuldner verbürgt hat, der Hauptschuldner und er haften als Gesammtschuldner. Übrigens hat der Kläger den Hauptschuldner ausgeklagt, bevor er den Bürgen in Anspruch nahm, denn er hat die Zwangsvollstreckung gegen jenen versucht. Daß er eine Art der Zwangsvollstreckung wählte, die nicht zu seiner Befriedigung führen konnte, kann ihm nicht zum Nachteile gereichen, weil er, wie ich schon betont habe, damals noch nicht wußte, daß der Hauptschuldner nicht Eigentümer des Gasthofs ist. Der — nach Lage der Sache vollkommen entschuldbare — Irrtum, in dem er sich hierüber befand, ist auch der Grund davon, daß er nicht früher gegen den Hauptschuldner vorging. Er hielt ihn für den Eigentümer des gut eingerichteten, geschickt bewirtschafteten und vom Publikum gern besuchten Gasthofs. Als solchem konnte er ihm, nachdem fünfzehntausend Mark schon bezahlt waren, hinsichtlich des Restes Nachsicht gewähren, ohne sich dem Vorwurfe der Nachlässigkeit auszusetzen. Sofort nach dem Eintritte der Fälligkeit mit Klage und Zwangsvollstreckung vorzugehen, wäre rücksichtslos und ein Vorstoß gegen alle unter Geschäftsleuten geltende Sitte gewesen. Insbesondere verbot es sich hienach von selbst, die von dem Beklagten angedeutete Pfändung vollziehen zu lassen, die Aufsehen erregt und die bürgerliche wie die geschäftliche Achtung des Schuldners untergraben hätte.

Der vom Beklagten erhobene Gegenanspruch besteht nicht. Der Hauptschuldner hat dem Kläger die Zahlung der Vertragsstrafe ausdrücklich erlassen. Es geschah dies am 6. Januar 1893. Der Kläger machte dafür ihm das Zugeständnis, daß die damals noch rückständige Teilzahlung nicht vor dem 1. Februar, die zweite und die dritte am 1. April zu leisten seien. Die Vertragsstrafe könnte auch dann nicht gefordert werden, wenn der ausdrückliche Erlaß nicht in Mitte läge. Darin daß der Schuldner drei Teilzahlungen leistete, ohne einen Abzug zu machen oder die Forderung der Vertragsstrafe sich ausdrücklich vorzubehalten, müßte sein stillschweigender Verzicht auf die Vertragsstrafe erblickt werden. Weder die Aufrechnungserklärung des Beklagten noch seine Widerklage sind hienach begründet.

Ich komme schließlich zur Ausführung dessen, was ich im Eingange dieses Vortrags angedeutet habe.

Wer aus eigenen Stoffen auf einem fremden Grundstücke ein Gebäude errichtet, wissend, daß das Grundstück ein fremdes ist, verliert das Eigentum der verbauten Stoffe und kann den Eigentümer des Grundstücks nicht dazu zwingen, die in das Haus verbauten Stoffe von dem Grundstück zu trennen und ihm zurückzugeben. Nur wenn der Eigentümer des Grundstücks freiwillig das Gebaute auflöst, lebt sein Eigentum an den Stoffen wieder auf und er kann sie wegnehmen. Von diesem Falle abgesehen gibt ihm aber das Gesetz gegen den Eigentümer des Grundstücks den Anspruch auf Ersatz des Werts, den die Stoffe zur Zeit ihrer Verbauung hatten. Aus diesem Gesichtspunkte ist der Beklagte zur Zahlung der mit der Klage geforderten fünftausend Mark auch dann verpflichtet, wenn er sie nicht schon als Bürge schulden würde, denn die vom Kläger zur Erbauung des Stallgebäudes angeschafften und dazu verwendeten Stoffe hatten damals einen den Betrag von fünftausend Mark weit übersteigenden Wert.

Zu dem nemlichen rechtlichen Ergebnisse führt endlich die folgende Betrachtung. Wenn der Beklagte an dem Abschlusse des Vertrags vom 15. Juni 1892 auch nicht unmittelbar beteiligt war, so ist doch der Vollzug des Vertrags ihm zugutgekommen, weil das vom Kläger hergestellte Gebäude sein Eigentum geworden und dadurch der Wert seines Grundstücks erhöht worden ist. Ich will nicht behaupten, daß dieser Wert um den vollen Betrag der Herstellungskosten — zwanzigtausend Mark — erhöht worden ist, denn ich sehe wohl ein, daß nach den Verhältnissen des Gasthofs die Erbauung eines so ansehnlichen Stallgebäudes nicht notwendig war und daß, um das aufgewendete Baukapital nutzbringender zu machen, es sich wohl nicht wird umgehen lassen, das Stallgebäude, soweit sein Umfang den für zwei Pferde und die entsprechende Zugehör erforderlichen Raum übersteigt, umzubauen und für andere Zwecke des Gasthofbetriebs nützlicher verwendbar zu machen. Doch ist das Gasthofanwesen durch den Neubau schon in seiner jetzigen Gestalt immerhin um mindestens zehntausend Mark wertvoller geworden. Um diesen Betrag ist der Beklagte bereichert und zwar durch die Thätigkeit des Klägers. Hiefür von dem Beklagten Ersatz zu fordern, ist der Kläger berechtigt. Sein Interesse geht aber nicht weiter, als daß ihm der Beklagte diesen Ersatz bis zum Betrage der fünftausend Mark leiste, hinsichtlich deren der ihm gegen den Besteller des Baues zustehende Anspruch noch unbefriedigt ist.

Ich halte hienach den verlesenen Klageantrag aufrecht und beantrage Abweisung der Widerklage."

Zur Schlußäußerung erteilte hierauf der Vorsitzende das Wort dem Rechtsanwalt Freund. Dieser erklärte:

„Weder der Baumeister ist Kaufmann im Sinne des Handelsgesetzbuchs noch der Gastwirt. Zwar gelten einzelne Geschäfte des Gastwirts, z. B. die Anschaffung von Speisen und Getränken, um sie an die Gäste weiterzuveräußern, als Handelsgeschäfte im Sinne des Handelsgesetzbuchs. Hieraus folgt aber nicht, daß der Gastwirt schlechthin Kaufmann ist. Er ist Kaufmann nur insoweit, als er Handelsgeschäfte betreibt. Die Beherbergung von Fremden, die sogar den wichtigsten Bestandteil des Gastwirtsgewerbes bildet, ist kein Handelsgeschäft, noch weit weniger kann die Bestellung des Baues eines Stallgebäudes als Handelsgeschäft betrachtet werden. Ebenso irrig ist die Heranziehung handelsrechtlicher Bestimmungen hinsichtlich der angeblichen Bürgschaft des Beklagten. Der Beklagte ist allerdings Kaufmann, er betreibt ein sogenanntes Kurzwarenhandlungsgeschäft. Wie aber die Übernahme einer Bürgschaft zum Betriebe seines Handelsgewerbes gehören sollte, vermag ich nicht einzusehen. Irrig sind hienach auch die Folgerungen, die der Kläger aus seinen auf Irrtum beruhenden Vordersätzen zieht. Ich beharre also bei der Behauptung, daß ein Bürgschaftsvertrag nicht zustandgekommen ist. Der Umstand, daß der Kläger den sogenannten Bürgschaftsschein behalten hat, kam die Bedeutung stillschweigender Annahme des Angebots der Bürgschaft nicht haben. Das Schriftstück ist dem Kläger nicht vom Beklagten, sondern von seinem Schuldner Winter zugeschickt worden. Das Behalten des Schriftstücks würde daher, wenn ihm die Bedeutung einer Willenserklärung überhaupt beigelegt werden könnte, höchstens die Abgabe einer Willenserklärung des Klägers gegenüber seinem Schuldner bedeuten können, also eine völlig unerhebliche Willenserklärung sein, denn zum Abschlusse eines Bürgschaftsvertrags war erforderlich, daß die Erklärung der Annahme an den Beklagten gerichtet wurde. Ich bestreite, daß der Beklagte auf die Einrede der Vorausklage verzichtet oder sich als Selbstschuldner verbürgt hat. Ich betone ferner wiederholt, daß der Kläger eine Zwangsvollstreckung in das Vermögen seines Schuldners nicht versucht hat. Was zur Erklärung und Rechtfertigung seines Verhaltens geltend gemacht wurde, ist belanglos. Daß er seinen Schuldner mit großer Schonung behandelt hat, ist anzuerkennen, allein die dadurch herbeigeführte Veränderung der Rechtslage kann nur ihm selbst, nicht dem Beklagten zum Nachteile gereichen, der persönlich kein Interesse daran hatte, daß gegen den Schuldner besonders schonend verfahren werde.

Von der Verbindlichkeit zur Zahlung der Vertragsstrafe konnte Winter den Kläger weder durch ausdrücklichen Erlaß noch durch stillschweigenden Verzicht befreien. Das Verhältnis, in dem der Hauptschuldner und der Bürge zu einander stehen, gleicht rechtlich in vielen Beziehungen dem Verhältnisse zweier Gesammtschuldner. Keiner kann ohne Mitwirkung oder Zustimmung des anderen den Umfang ihrer Haftung erweitern, auf Einreden gegen den Anspruch des Gläubigers oder auf Gegenforderungen verzichten, die sich aus dem zwischen ihnen und dem Gläubiger bestehenden Rechtsverhältnisse ergeben. Thatsachen, die nur in der Person des einen von ihnen eingetreten sind, wirken nur gegen diesen. Der zwischen Winter und dem Kläger geschlossene Erlaßvertrag hindert daher den Beklagten nicht, den Anspruch auf Zahlung der Vertragsstrafe geltend zu machen. Ein stillschweigender Verzicht liegt übrigens überhaupt nicht vor. Von den drei Teilzahlungen hat Winter nur die erste geleistet. Daraus, daß er diese leistete, ohne die vom Kläger verwirkte Vertragsstrafe dagegen aufzurechnen oder sich ihre Forderung vorzubehalten, kann auf einen Verzicht schon deshalb nicht geschlossen werden, weil er damals noch fünfzehntausend Mark, also mehr als genug schuldete, um die Aufrechnung bei späteren Zahlungen vornehmen zu können. Die zweite und die dritte Teilzahlung hat thatsächlich der Beklagte geleistet, denn er hat die dazu nötigen zweimal fünftausend Mark auf dringendes Bitten seiner Tochter dieser geschenkt, und sie hat das Geld zur Befriedigung des Klägers verwendet. Er würde das überhaupt nicht gethan, wenigstens nicht so viel geopfert haben, wenn er damals schon gewußt hätte, daß nach dem Vertrage vom 15. Juni 1892 seinem Schwiegersohne ein Gegenanspruch auf sechstausendfünfhundert Mark Vertragsstrafe zusteht. Er hat dies leider erst aus der Abschrift des Vertrags entnommen, die als Beilage der Klageschrift ihm zugestellt wurde.

Der Vertreter des Klägers hat am Schlusse seines letzten Vortrags die Ausführungen wiederholt, mit denen er schon in dem die Klagebeantwortungsschrift erwidernden vorbereitenden Schriftsatze darzuthun versucht hat, daß der Beklagte für die Zahlung der in der Klage geforderten fünftausend Mark selbständig und unmittelbar hafte. Diese Ausführungen enthalten eine prozeßrechtlich wohl kaum zulässige Häufung von Klagen, der ich mich übrigens nicht widersetzen will, falls das Gericht sie nicht schon von Amtswegen zurückweisen sollte. Die Begründung ist rechtlich ebenso unhaltbar wie der ursprüngliche Klagegrund. Der Beklagte war, wie ich schon hervorgehoben habe, mit dem Bau von Anfang an nicht einverstanden, er hat ihn auch nicht nachträglich genehmigt. Die Rechtssätze, aus denen der Kläger die Verbindlichkeit des Beklagten zum Ersatze des Werts der von ihm verwendeten Stoffe ableitet, gelten nur für den Fall, daß der Bau eine notwendige Verwendung auf das fremde Grundstück war. Auch aus dem Gesichtspunkte der Bereicherung endlich ist der Anspruch des Klägers nicht begründet. Die Bereicherung auf Kosten eines anderen verpflichtet nur zur Zurückgabe des Empfangenen. Ist diese nach der Beschaffenheit des Empfangenen — wie in dem vorliegenden Falle — nicht möglich, so ist jede Verpflichtung des Empfängers ausgeschlossen. Dem Kläger gegenüber kann übrigens der Beklagte rechtlich nicht einmal als Empfänger gelten. Wie der Kläger selbst zugibt, hielt er den Winter für den Eigentümer des Gasthofs, und diesem machte er die Leistung, die er nun als Grund der Bereicherung des Beklagten bezeichnet. Er konnte daher, als er den Bau ausführte, gar nicht die Absicht haben, dadurch den Beklagten zu irgend etwas zu verpflichten. Der Beklagte ist endlich durch den Bau nicht bereichert, denn er hat, wie ich schon hervorgehoben habe, zwei der Teilzahlungen, die nach dem Vertrage dem Kläger zu leisten waren, geleistet, also genau so viel für den Bau schon gezahlt, als nach der Schätzung des Klägers die durch den Bau herbeigeführte Wertserhöhung beträgt. Ich beantrage daher Abweisung der Klage, auch soweit sie geändert ist."

Auf Frage des Vorsitzenden erklärten beide Rechtsanwälte, daß sie ihren Vorträgen, insbesondere auch in thatsächlicher Beziehung nichts mehr beifügen könnten und wollten.

Der Vorsitzende gab auf grund der dem Gerichte vorliegenden, auf das Mahnverfahren gegen den Gastwirt Ludwig Winter bezüglichen Aktenstücke bekannt, daß der Kläger das Gesuch um Erlassung des Zahlungsbefehls am 4. September 1893 gestellt hat, erklärte hierauf die Verhandlung für geschlossen und beraumte Termin zur Verkündung der Entscheidung auf den 11. Dezember 1893 nachmittags fünf Uhr an.

Das Sitzungsprotokoll wurde den Anwälten zur Einsichtnahme vorgelegt und von ihnen genehmigt.

I. Probe-Aufgabe

aus dem Staatsrechte des deutschen Reichs und des Königreichs Bayern. 1893.

I.

Eine reichsgesetzliche Bestimmung, in welcher die Landespolizeihörden zur Vorkehrung einer Verwaltungsmaßregel gegen bestrafte Personen ermächtigt werden, hat von Seite der Behörden in den einzelnen Bundesstaaten eine verschiedene Auslegung gefunden.

Eine Bundesregierung nahm hieraus Veranlassung, bei dem Bundesrathe unter Bezugnahme auf Artikel 7 Abs. 1 Ziffer 2 und 3 der Reichsverfassung den Antrag zu stellen, durch Beschlußfassung eine die verschiedenen Landespolizeibehörden bindende Entscheidung der in Frage stehenden Controverse herbeizuführen.

Von Seite mehrerer Bundesregierungen wurde die Zuständigkeit des Bundesrathes, eine derartige Interpretation einer reichsgesetzlichen Bestimmung mit zwingender Wirkung für die Bundesregierungen und beteiligten Landesbehörden zu beschließen, bestritten und geltend gemacht, daß zur Erzielung einer authentischen Auslegung der Reichsgesetze auf den Gesetzgebungsweg zurückgegriffen werden müsse, neben welchem übrigens, wenn es sich wie im vorliegenden Falle um einfache Verwaltungsmaßregeln handle, der Weg der Verständigung unter den Bundesregierungen nicht verschlossen sei.

Von einer Seite wurde betont, daß ein eventueller, dem Antrage stattgebender Bundesrathsbeschluß in der Angelegenheit keinesfalls mit unmittelbar verbindlicher Wirkung für die Landespolizeibehörden der einzelnen Bundesstaaten werde erfolgen können, sondern daß ein solcher Beschluß zunächst nur die Bundesregierungen verpflichten werde, für die Handhabung des Gesetzes im beschlossenen Sinne Sorge zu tragen.

Es ist unter Würdigung der geltend gemachten Gesichtspunkte und mit entsprechender Begründung darzulegen, ob und inwieweit auf Grund des Art. 7 Abs. 1 Ziffer 2 oder 3 der Reichsverfassung eine Zuständigkeit des Bundesraths zur Beschlußfassung in der Angelegenheit besteht.

II.

Gemäß § 18 Abs. 2 des Gesetzes über die Erwerbung und den Verlust der Bundes- und Staatsangehörigkeit vom 1. Juni 1870 wird die Entlassung aus dem Staatsverbande unwirksam, wenn der Entlassene nicht binnen sechs Monaten vom Tage der Aushändigung der Entlassungsurkunde seinen Wohnsitz außerhalb des Bundesgebiets verlegt oder die Staatsangehörigkeit in einem anderen Bundesstaate erwirbt.

Mit Rücksicht auf diese Bestimmung ist die Frage zu erörtern, ob ein Deutscher, welcher aus dem Verbande seines Heimatstaates entlassen wurde und, ohne das Reichsgebiet zu verlassen, noch vor Ablauf der erwähnten sechsmonatlichen Frist um Verleihung der Staatsangehörigkeit in einem anderen deutschen Bundesstaate nachsucht, den Anspruch erheben kann, daß sein Gesuch als Aufnahmegesuch nach § 7 und nicht als Naturalisationsgesuch nach § 8 des Gesetzes vom 1. Juni 1870 behandelt werde.

II. Probe-Aufgabe
aus dem Staatsrechte des deutschen Reichs und des Königreichs Bayern. 1893.

I.

Der in München heimatberechtigte Johann Huber heiratete im Jahre 1890 zu Stuttgart die Wittwe eines württembergischen Staatsangehörigen, welche ihm zwei Kinder erster Ehe im Alter von 2 und beziehungsweise 3 Jahren zubrachte.

Da die Familie bald darauf unterstützungsbedürftig und aus Stuttgart ausgewiesen wurde, erging an den

Magistrat München das Ansinnen, die Huber'schen Eheleute mit den erwähnten beiden Kindern zu übernehmen.

Bezüglich der Kinder wurde das Ansinnen abgelehnt, da dieselben trotz der zweiten Ehe ihrer Mutter württembergische Staatsangehörige geblieben seien und im Sinne des Gothaer Vertrags vom 15. Juli 1851 wegen gegenseitiger Uebernahme der Ausgewiesenen und Heimatlosen kein deutscher Staat berechtigt sei, seine eigenen Unterthanen auszuweisen.

Die k. Polizeidirektion Stuttgart beharrte gleichwohl auf ihrem Antrage auch bezüglich der Kinder, indem sie sich auf § 6 Abs. 2 des Gothaer Vertrags berief, wonach Kinder unter 16 Jahren von ihren Eltern nicht getrennt werden sollen, und des Näheren ausführte, daß diese Vorschrift keineswegs bloß für bestimmte einzelne Fälle gelte, sondern ein allgemein giltiges Prinzip enthalte, da es gegen die Pflicht der Menschlichkeit verstoßen würde, Kinder in zartem Alter von ihren Eltern zu trennen.

Nunmehr verweigerte der Magistrat München auch die Uebernahme der Eltern, indem er sich gleichfalls auf den erwähnten § 6 Abs. 2 stützte und bemerkte, daß, weil der württembergische Staat die fraglichen Kinder als seine eigenen Unterthanen keinesfalls ausweisen dürfe, er auch deren Eltern bis zum 16. Lebensjahre der Kinder behalten müsse, um nicht gegen die Vorschrift des § 6 Abs. 2 zu verstoßen.

Wie ist dieser Streitfall unter rechtlicher Würdigung der von beiden Theilen hervorgehobenen Gesichtspunkte zu entscheiden?

II.

Auf die von der Hebamme im Auftrag der Eltern erstattete Anzeige wurde das am 1. August 1893 in München geborne eheliche Kind des Bäckers Joseph Huber am 2. dess. Mts. mit dem Vornamen Karl in das standesamtliche Geburtsregister eingetragen.

Die Anzeige der Hebamme war jedoch insoferne eine irrtümliche, als die Eltern dem Kinde den Vornamen Philipp beigelegt wissen wollten und dasselbe auch auf diesen Namen am 3. August l. Js. taufen ließen.

Bei der Taufe wurde der Irrtum sofort bemerkt, und noch am nemlichen Tage stellte der Vater beim Standesamte den Antrag, den Vornamen Karl in Philipp abzuändern.

Kann diesem Antrage stattgegeben werden, eventuell in welcher Weise?

Probe-Aufgabe
aus dem katholischen Kirchenrechte 1893.

I.

Pfarrer Thomas Werner in Gumpendorf hat diese Pfarrei, welche alternierend der libera collatio und dem Präsentationsrechte des Gutsbesitzers dortselbst untersteht, kraft des seinem Vorgänger ausgestellten Patronatsreverses des Gutsherrn durch Landesherrliche Verleihung erhalten.

Da Werner sich bald der großen und in mehrfachen Beziehungen schwierigen Pfarrei Gumpendorf nicht gewachsen zeigte, bewarb er sich nach dem Wunsche des ihm vorgesetzten Ordinariates N um ein einfaches aber gut dotiertes Meßbenefizium im Städtchen Blindham, erlangte von dem dortigen präsentationsberechtigten Magistrate die Präsentation auf dieses Benefizium und die Präsentation d. d. 20. Februar ds. Js. erhielt am 11. März die Landesherrliche Bestätigung durch die Kreisregierung. Bei einer Besichtigung gefielen jedoch dem Pfarrer Werner die Verhältnisse in Blindham nicht, er reichte bei der Kreisregierung ein Gesuch um Entbindung vom Antritte des Benefiziums ein, welches vorerst nicht beschieden wurde, kehrte nach Gumpendorf zurück und bewarb sich dann um mehrere gerade erledigte kleine Pfarreien, jedoch ohne Erfolg. Anfangs August resignierte Pfarrer Werner auf Andringen des Ordinariates N die Pfarrei Gumpendorf frei in die Hände des Bischofes, der die Resignation annahm und die erledigte Pfarrei sofort einem anderen Priester verlieh. Werner wurde angewiesen, das Benefizium in Blindham anzutreten, was er auch sofort thun wollte. Dem Magistrate war dies nur erwünscht, aber der Stadtpfarrer als Verweser des Benefiziums und das Bezirksamt wollten die Uebernahme des Benefiziums durch Werner nicht zugeben, weil er nach seiner Bitte um Entbindung vom Antritte desselben und nach seiner langen Zögerung kein Recht mehr darauf habe. Hiegegen beschwerte sich Werner bei der Kreisregierung. Diese Stelle hatte aber kurz zuvor eine Mittheilung des bischöflichen Ordinariates N über die vom Bischof vorgenommene Neuverleihung der Pfarrei Gumpendorf dahin beantwortet, daß sie diese Verleihung zur Landesherrlichen Genehmigung zu begutachten nicht in der Lage sei, da noch nicht alle Voraussetzungen erfüllt seien, um die Pfarrei Gumpendorf als erledigt erachten zu können.

Von diesem Bescheide gab die Kreisregierung auch dem Bezirksamte und dem Pfarrer in Blindham als Verweser des dortigen Benefiziums Kenntnis.

Infolge der nunmehr vom bischöflichen Ordinariate N erhobenen Beschwerde ließ sich das Ministerium sämtliche in der Sache erwachsenen Verhandlungen vorlegen.

Welche Verfügungen wird das Ministerium zu treffen haben, um sowohl die Besetzung der Pfarrei Gumpendorf als die des Benefiziums Blindham zu regeln?

Die Entscheidung ist ausführlich zu motivieren und zwar unter Anführung der einschlägigen gesetzlichen und verordnungsmäßigen Bestimmungen.

II.

Welchen Einrichtungen (Anstalten, Instituten) der katholischen Kirche in Bayern stehen die Rechte öffentlicher Korporationen oder juristischer Personen zu und nach welchen Grundsätzen (Normen).

Probe-Aufgabe
aus dem protestantischen Kirchenrechte 1893.

I.

Das im Gebiete des gemeinen Rechts gelegene Rittergut T, mit welchem das dingliche Patronat auf die dortige protestantische Pfarrstelle verbunden ist, ging in den Besitz des Rentiers v. S., israelitischer Konfession, über.

Bei der letzten Erledigung der Pfarrstelle T ließ das Konsistorium dem Genannten eröffnen, daß das mit dem Rittergute verbundene Patronats-, beziehungsweise Präsentationsrecht insolange ruhe und die Besetzung jure devolutionis erfolge, als nicht wieder ein Bekenner des christlichen Glaubens Eigentümer des Gutes werde.

Hierauf protestierte v. S. gegen jeden Eingriff in seine Rechte, indem er folgendes ausführte:

Die Befugnis zur Ausübung des Patronatsrechts sei allen adeligen Gutsbesitzern ohne irgend einen Unterschied, sohin auch ohne Unterschied der Konfession durch § 22 der VI. Verfassungsbeilage garantiert. Durch diese ganz allgemeine staatsgrundgesetzliche Bestimmung sei jede allenfalls entgegenstehende spezielle Bestimmung schon nach allgemeinen Rechtsgrundsätzen beseitigt. Jedenfalls bestehe aber ein Hindernis gegen die Ausübung seines Präsentationsrechtes nicht mehr seit Einführung des Reichsgesetzes vom 3. Juli 1869, betreffend die Gleichberechtigung der Konfessionen in bürgerlicher und staatsbürgerlicher Beziehung.

Sollte jedoch wider Vermuten diese Ansicht nicht geteilt werden, so beanspruche er jedenfalls das Recht, durch einen bevollmächtigten Vertreter christlicher Konfession sein Präsentationsrecht ausüben zu dürfen, wie er dies auch im letzten Erledigungsfalle bei der protestantischen Schulstelle in T ohne Widerspruch der k. Regierung, Kammer des Innern, gethan habe.

Das Konsistorium erwiderte hierauf dem v. S., daß es auf seiner ursprünglichen Ansicht beharre, die Pfarrstelle zur öffentlichen Bewerbung ausschreiben werde und es ihm anheimstelle, hiegegen im geordneten Instanzenzuge Beschwerde zu führen.

Daraufhin erklärte v. S., daß er sich auf eine Beschwerdeführung nicht einlasse, aber für den Fall, daß die Pfarrbesetzung jure devolutionis erfolge, alle seine mit dem Kirchenpatronate verbundenen Leistungen zur Pfarrstelle, wie solche in der Fassion der letzteren vorgetragen seien, einstellen werde. Insbesondere weigere er sich für diesen Fall, den monatlichen Bezug des Geistlichen mit 25 ℳ und die jährliche Naturalienlieferung im Anschlage zu 150 ℳ zu entrichten, auch werde er die dem jeweiligen Geistlichen eingeräumte Pfarrwohnung absperren und in derselben bauliche Reparaturen nicht vornehmen lassen, endlich werde er auch der dem Kirchenpatronate obliegenden Verpflichtung zur Restaurierung der Kirche in dem ihm zurepartierten Betrage von 350 ℳ insolange nicht nachkommen, als sein Präsentationsrecht nicht anerkannt sei und berücksichtigt werde.

Aufgabe:

1. Es ist unter eingehender Motivierung darzulegen, ob die Ansprüche des Rentiers v. S. auf Ausübung des Präsentationsrechtes begründet sind oder nicht.

2. Auf welchem Wege ist für den Fall der Besetzung der Pfarrei jure devolutionis die Erfüllung der mit dem Kirchenpatronate verbundenen Verpflichtungen geltend zu machen und inwieweit kann das Kirchenpatronat zur Erfüllung derselben angehalten werden?

II.

Der protestantische Pfarrer in G, welcher 14 ℳ 98 ₰ Haus- und Grundsteuer von den Pfarrrealitäten, 7 ℳ 54 ₰ Einkommen- und 5 ℳ 40 ₰ Kapitalrentensteuer zu entrichten hat, ist von der politischen Gemeinde G aus den bezeichneten drei Steuerarten mit Distriktsumlagen im Betrage von 5 ℳ 66 ₰ in Anspruch genommen worden. Auf seine Reklamation sprach das Bezirksamt auf Grund der Allerhöchsten Verordnung vom 10. Juni 1810, die Besteuerung der Geistlichen betreffend, beschlußmäßig aus, die protestantische Pfarrei G sei, da sie das kongrualmäßige Einkommen nicht erreiche, sondern nur auf 575 fl. fatiert sei, zur Zeit frei von der Entrichtung von Distriktsumlagen, dagegen sei die protestantische Pfarrgemeinde G, beziehungsweise die einzelnen Glieder derselben verpflichtet, den treffenden Ausfall an Distriktsumlagen der politischen Gemeinde G zu ersetzen.

Gegen diesen Beschluß ergriffen eine Mehrzahl von Mitgliedern der Pfarrgemeinde G durch einen bevollmächtigten Anwalt Beschwerde zur k. Regierung, Kammer des Innern, welche sie wesentlich damit begründeten, daß das allerdings nur auf 575 fl. fatierte Reineinkommen der protestantischen Pfarrei G nunmehr auf 1800 ℳ, also über die Kongrua aus Staatsmitteln aufgebessert werde, folglich die Pfarrgemeinde G für Deckung der fraglichen Distriktsumlagen nicht einzutreten habe.

Aufgabe:

Es ist die motivierte Entschließung der k. Regierung, Kammer des Innern, zu entwerfen.

Probe-Aufgabe
aus dem Polizeirecht 1893.

In der Gemeinde A, k. Bezirksamts O, etwas über 1 Kilometer von der Ortschaft A entfernt, befindet sich seit unvordenklicher Zeit eine Pulvermühle.

Im Jahre 1830 beschloß das k. Landgericht O auf Antrag des T, damaligen Besitzers der Pulvermühle, daß diese als radiziertes Gewerbsrecht anzuerkennen und in das Gewerbekataster einzutragen sei. Bis zum Jahre 1879 wurde die Pulvermühle in unveränderter Weise durch T und seine Besitznachfolger betrieben. Im Jahre 1879 ging dieselbe im Wege des Kaufes auf die Aktiengesellschaft für Sprengstofffabrikation in M über. Diese reichte im Mai 1880 bei dem k. Bezirksamte O unter Vorlage der erforderlichen Pläne und Beschreibungen ein Gesuch um Genehmigung zur Errichtung einer Fabrik für Herstellung von Nitroglycerin, Dynamit und anderen Nitroverbindungen, dann zur Anlegung zweier Dampfkessel für den Fabrikbetrieb auf dem zur Pulvermühle gehörigen Areale ein. Nach vorschriftsmäßig durchgeführtem Verfahren wurde, da von keiner Seite eine Einwendung erhoben worden war, die Anlage der Fabrik und der zwei Dampfkessel mit Beschluß des k. Bezirksamts O vom 15. Juli 1880 genehmigt und daraufhin die Ausführung dieser Anlagen der erteilten Genehmigung entsprechend vorgenommen. Bei dieser Gelegenheit wurde auch in der Pulvermühle einiges geändert, indem drei weitere Stampfen (zur Pulverisierung des Gemenges für das Pulver) und eine weitere Körnmaschine aufgestellt, ferner das Polierwerk sowie der Raum zum Trocknen des Pulvers mittels erwärmter Luft in ein anderes bereits bestehendes Gebäude verlegt wurden. Eine Genehmigung für diese Änderungen wurde nicht erholt.

Da die zum Betriebe der Pulvermühle hauptsächlich benützte Wasserkraft erheblich zurückgegangen war, hat die Aktiengesellschaft im Juni 1890, ohne indessen hiezu eine behördliche Genehmigung nachzusuchen, an einem 2 Kilometer von der Pulvermühle entfernten Bache eine elektrische Krafterzeugungsanlage errichtet und die erzeugte elektrische Kraft nach der Pulvermühle oberirdisch geleitet. Zur Fassung der Wasserkraft diente eine ältere, der Gesellschaft gehörige Stauanlage an welcher eine Änderung nicht vorgenommen wurde.

Im Dezember 1892 wurde ferner einer der im Jahre 1880 aufgestellten Dampfkessel wegen Schadhaftigkeit durch einen neuen Kessel von vollständig gleicher Bauart und Größe ersetzt, ohne daß der letztere irgend einer Prüfung unterworfen und für dessen Aufstellung eine Genehmigung erholt worden wäre.

Nachdem anfangs des Jahres 1893 in der Fabrikanlage mehrere Explosionen stattgefunden hatten, reichten die Einwohner der Ortschaft A beim k. Bezirksamte O eine Vorstellung ein, in welcher sie um Einstellung des Betriebes der ganzen Anlage baten, da derselbe nicht in zuverlässiger Weise erfolge und die ganze Umgebung gefährde; ferner gebe auch die Leitung für die Uebertragung des starken elektrischen Stromes Anlaß zu Bedenken, indem sie ohne Isolirung in der nächsten Nähe von Scheunen vorbeiführe und einige öffentliche Wege in einer Höhe von nur $2^1/_2$ m vom Boden kreuze, auch häufig schon Vögel, welche sich auf der Leitung niedergelassen haben, todt herabgefallen seien.

Das k. Bezirksamt O nahm unter Zuziehung von Sachverständigen eine Ortsbesichtigung vor, bei welcher festgestellt wurde,

1. daß der Betrieb der ganzen Anlage in der That der nöthigen Zuverlässigkeit entbehrt und Gefahren sowohl für die dort beschäftigten Arbeiter als auch für die Umgebung mit sich bringt,
2. daß in den zur Anlage gehörigen Magazinen außer den polizeilich als zulässig erklärten Quantitäten von 400 Kilogramm Dynamit und 1000 Kilogramm Pulver auch 300000 Stück mit Geschoß fertig laborierter, von auswärts behufs Weiterverkaufs eingeführter Metallpatronen für Gewehre und Revolver sich befinden,
3. daß der im Jahre 1892 neu aufgestellte Dampfkessel mit dem beseitigten, im Jahre 1880 genehmigten Kessel vollständig gleich ist, jedoch für keinen der in der Fabrik befindlichen zwei Kessel ein Revisionsbuch vorliegt,
4. daß die elektrische Leitung wirklich in verkehrs- und feuerpolizeilicher Beziehung bedenklich ist.

Das k. Bezirksamt O stellte hierauf mit Beschluß vom 15. August 1893 den Betrieb der ganzen Anlage ein, untersagte die Lagerung von Pulver und anderen Sprengstoffen sowie von Patronen, und zog die auf Grund des § 1 des Sprengstoffgesetzes vom 9. Juni 1884 (Reichsges.-Bl. S. 61) und der Allerhöchsten Verordnung vom 5. Oktober 1884 (Ges.- u. V.-Bl. S. 471) ertheilten Erlaubnisscheine zur Herstellung, zum Betriebe und zum Besitze von Sprengstoffen zurück.

Gegen diesen Beschluß erhob die Aktiengesellschaft rechtzeitig Beschwerde bei der dem Bezirksamte O vorgesetzten Regierung, Kammer des Innern, und führte hiebei aus: die Pulvermühle werde seit unvordenklicher Zeit auf Grund radizierter Gerechtsame und die Sprengstoffabrik auf Grund ordnungsmäßig ertheilter Genehmigung betrieben, deren Betrieb könne daher nicht ohne weiteres eingestellt werden; die Zurückziehung der nach § 1 des Reichsgesetzes vom 9. Juni 1884 erteilten Erlaubnisscheine sei unzulässig, da ohne solche der konzessionierte Betrieb der Fabrik unmöglich sei; der im Jahre 1892 aufgestellte Dampfkessel entspreche vollständig dem beseitigten Kessel und sei daher weder genehmigungs-, noch prüfungspflichtig; zur Beschaffung der Revisionsbücher für die beiden Dampfkessel sei die Gesellschaft bereit, obgleich solches für den älteren Kessel eigentlich gar nicht verlangt werden könne, die Lagerung von Metallpatronen sei freigegeben, und die elektrische Leitung könne als eine nicht genehmigungspflichtige Anlage keiner Beschränkung unterworfen werden; falls die Gesellschaft zur Einstellung des Betriebes gezwungen werde, verlange sie vom Fiskus Entschädigung.

Die Regierung erholte zunächst ein obertechnisches Gutachten, welches sich dahin aussprach, daß die Bedenken bezüglich des Betriebes der Anlage und der elektrischen Leitung begründet und die im Jahre 1880 vorgenommenen Aenderungen in der Pulvermühle für den Betrieb derselben von wesentlicher Bedeutung gewesen seien, daß jedoch durch die Verlegung des Polierwerkes und Trockenraumes die Anlage ohne Zweifel verbessert worden sei.

Das einvernommene k. Regierungsfiskalat lehnte die eventuelle Entschädigungsforderung vollständig ab.

Aufgabe.

Es ist unter Würdigung der Vorbringen der Beschwerdeführerin auf Grund der einschlägigen Bestimmungen darzulegen, in welcher Weise die Sache von der Regierung zu beurteilen und zu bescheiden sein wird.

(Die Aufstellung eines förmlichen Entwurfes des von der Regierung zu erlassenden Bescheides wird nicht gefordert.)

Probe-Aufgabe

aus der Volkswirthschaftslehre und der Sozialgesetzgebung. 1893.

I.

Der Dienstknecht M. hatte am 5. April 1890 im Auftrage seines Dienstherrn, des Ökonomen Z., einen schadhaften Pflug in die Schmiede zu verbringen. Unterwegs wurde er von einem Nachbarn ersucht, ein reparaturbedürftiges Rad eines zum Heueinführen benützten Wagens in die Schmiede mitzunehmen.

Während M. das Rad an sich nehmen wollte, entglitt es seinen Händen und fiel ihm so unglücklich auf den rechten Vorderfuß, daß mehrere Zehen infolge starker Quetschung amputiert werden mußten.

Auf Ersuchen des M. machte sein Dienstherr Ende April 1890 von dem Unfall vorschriftsmäßige Anzeige und zugleich Namens des M. den Anspruch auf Unfallrente bei der zuständigen land- und forstwirtschaftlichen Berufsgenossenschaft geltend. Da aber M. nach Beendigung des Heilverfahrens seinen bisherigen Dienst beibehielt und auch den seitherigen Lohn fortbezog, nahm die genannte Berufsgenossenschaft von Erlassung eines Rentenfestsetzungsbescheides Umgang. M. ließ die Angelegenheit beruhen.

Im Sommer 1891 verehelichte sich M. und begann einen Hausirhandel. Infolge ungünstiger Witterungsverhältnisse, vor denen M. bei seinem Geschäfte sich nicht immer schützen konnte, brach im Februar 1892 die Amputationswunde wieder auf. M. ließ sich von einem Pfuscher behandeln. Es trat Blutvergiftung ein, die am 13. April 1892 den Tod des M. herbeiführte.

Seine vom Gerichte als Erbin anerkannte Witwe machte am 8. Mai 1892 bei der bereits erwähnten Berufsgenossenschaft im eigenen und im Namen des verstorbenen Ehemannes Entschädigungsansprüche geltend, welche die Genossenschaft mit folgender Begründung ablehnte:

Vor Allem sei zweifelhaft, ob M. im landwirthschaftlichen Betriebe verunglückt sei, da er zur Mitnahme des Rades des Nachbars von seinem Dienstherrn nicht beauftragt gewesen sei. Auch habe er durch die Verletzung keinen wirklichen Nachteil erlitten, da er ja in seinem Dienste geblieben sei und den alten Lohn fortbezogen habe. Dem Anspruche stehe überdies Verjährung entgegen, da M. selbst innerhalb der gesetzlichen Frist weder einen Antrag gestellt noch überhaupt weiter um die Sache sich gekümmert habe. Hätte übrigens für M. ein Rentenanspruch jemals bestanden, so wäre er mit seinem Tode erloschen, denn die Witwe sei zur selbständigen Geltendmachung eines Entschädigungsanspruchs nicht befugt, weil M. sich erst verehelicht habe, nachdem er längst von den Folgen des Unfalls wiederhergestellt gewesen sei.

Das hiegegen angerufene Schiedsgericht gelangte in allen diesen Punkten zu einer gegenteiligen Anschauung, erkannte den Unfall als einen entschädigungspflichtigen Betriebsunfall an und verurteilte die Berufsgenossenschaft, der Witwe M. die dem Betrage nach noch festzusetzende Rente, welche dem M. bis zu seinem Tode gebührt hätte, nachzuzahlen und für die Folge die treffende Witwenrente zu gewähren.

Der Genossenschaftsvorstand legte hiegegen rechtzeitig Rekurs ein, wobei er die obigen Einwendungen wiederholte.

Wie ist zu entscheiden? Die Entscheidung ist zu begründen.

II.

Bei welchen Tierkrankheiten wird in Bayern Entschädigung aus öffentlichen Fonds geleistet?

Welche Aufgabe haben die Viehversicherungsvereine?

Welche Grundsätze sollen für die Organisation derselben maßgebend sein?

I. Aufgabe aus der Staatsfinanzwirtschaft.

Welches sind die ordentlichen und außerordentlichen Einnahmequellen des deutschen Reiches und auf welche Bestimmungen gründen sie sich im Einzelnen?

Inwieweit äußern diese Einnahmequellen einen Einfluß auf die Finanzwirtschaft der Bundesstaaten? Erscheint eine Neuregelung in dieser Beziehung, sowie der Finanzwirtschaft des Reiches überhaupt wünschenswert und nach welchen Richtungen hätte dieselbe eventuell zu erfolgen?

II. Aufgabe aus der Staatsfinanzwirtschaft.

Was versteht man unter Luxussteuern? Welche Gesichtspunkte sprechen im Allgemeinen für oder gegen die Einführung derselben?

Welche Gegenstände erscheinen als geeignete Objekte der Luxussteuern?

Empfiehlt sich die Einführung von Luxussteuern im deutschen Reiche? Wären eventuell diese Steuern als Reichs- oder Landessteuern einzuführen?

Praktischer Fall
aus dem Gebiete der inneren Verwaltung 1893.

I.

Der Taglöhner Johann Graf, beheimatet in der Gemeinde Bug, k. Bezirksamts X, hat sich im Jahre 1875 mit

Katharina Lotz, Witwe des in der Gemeinde Asch*) gleichen Bezirksamts, beheimatet gewesenen Schneiders Xaver Lotz verehelicht und hiebei den ersteehelichen Sohn seiner Ehefrau, Namens Anton Lotz, geboren im Jahre 1863, in die Familie aufgenommen. Aus dieser Ehe sind 2 Kinder, Max und Marie, geb. 1876 und 1878, hervorgegangen. Anfangs des Jahres 1884 strengte die Ehefrau Katharina Graf gegen ihren Mann eine Scheidungsklage an mit der Folge, daß die Ehe durch rechtskräftig gewordenes Urteil des k. Landgerichts Z. vom 10. Oktober 1884 dem Bande nach getrennt, und zugleich der Ehemann für den schuldigen Teil erklärt und der Ehefrau das Erziehungsrecht über die beiden aus der Ehe hervorgegangenen Kinder zugesprochen wurde.

Nach erfolgter Trennung der Ehe verließ Johann Graf die Gemeinde Bug und verzog nach Asch, wo er zunächst seinen Lebensunterhalt durch Taglohnsarbeit verdiente, bis er am 1. Juli des Jahres 1886 durch Beschluß des dortigen Gemeindeausschusses**) die Stelle eines Gemeindedieners verliehen erhielt. Im Dezember 1891 erkrankte Johann Graf und begab sich am 15. des genannten Monats mit Zustimmung des Bürgermeisters von Asch und auf dessen Zusicherung hin, daß ihm für den Fall seiner baldigen Wiedergenesung die Gemeindedienerstelle vorbehalten bleibe, zu seiner in der Gemeinde Bug wohnenden Schwester Magdalena Graf, bei der er bessere Pflege während seiner Krankheit zu finden hoffte.

Im Laufe der Krankheit wandte sich Magdalena Graf Namens ihres Bruders um Unterstützung an die Armenpflege Bug und erhielt von dieser auch eine solche im Betrage von 50 ℳ für ihren Bruder verabfolgt, nachdem sich die Armenpflege von dessen gänzlicher Mittellosigkeit überzeugt hatte.

*) Für das rechtsrheinische Bayern: Die Gemeinde Bug und Asch sind Landgemeinden.

**) Für die Pfalz: Statt „Gemeindeausschuß" ist stets „Gemeinderat" zu lesen.

Am 28. Februar 1892 starb Johann Graf, worauf von der Armenpflege Bug auch noch die auf seine ärztliche Behandlung und Beerdigung erwachsenen Kosten mit 60 *M* bestritten wurden.

Außerdem wurden von der Armenpflege Bug auch den übrigen Mitgliedern der Graf'schen Familie im Laufe der vorhergegangenen Jahre mehrfache Unterstützungen gewährt.

Bald nach dem Wegzuge ihres Ehemannes von Bug sah sich nämlich Katharina Graf außer Stande, von ihrem geringen Verdienste den ganzen Aufwand für den Unterhalt und die Erziehung der beiden Kinder Max und Marie zu bestreiten und es wurden daher von der Armenpflege Bug in den Jahren 1886—1890 fortlaufende Unterstützungen im Betrage von 400 *M* für die gedachten Kinder verabfolgt. Zudem erkrankte Katharina Graf im Frühjahre 1888 und bedurfte der Hilfeleistung des Arztes, dessen Rechnung im Betrage von 20 *M* gleichfalls von der Armenpflege berichtigt wurde.

Endlich erhielt auch der ersteheliche Sohn Anton Lotz im Jahre 1890 eine Unterstützung aus der Armenkasse Bug. Derselbe hatte sich schon im Monat Juli des Jahres 1880 mit Zustimmung seiner Mutter (und seines Vormundes*) in die Schweiz begeben, um sich dort seinen Unterhalt zu verdienen und womöglich eine Lebensstellung zu erringen, kehrte aber im November 1890 von allen Mitteln entblößt unerwartet nach Bug zurück und bekam von der dortigen Armenpflege auf sein Gesuch eine einmalige Unterstützung von 40 *M* zur Anschaffung der nötigsten Kleidungsstücke und einstweiligen Lebsucht bis zur Erlangung einer Arbeitsgelegenheit.

Dies war die Sachlage, als Johann Graf am 28. Februar 1892 mit Tod abging.

II.

Wenige Tage nach dem Ableben des Johann Graf

*) Die eingeschlossenen Worte beziehen sich nur auf das rechtsrheinische Bayern.

fand seine Schwester in dem Rocke des Verstorbenen ein vom Bürgermeister von Asch unterzeichnetes, mit dem Gemeindesiegel versehenes Certifikat d. d. 3. November 1886, worin bestätigt ist: daß dem Johann Graf laut Beschluß des Gemeindeausschusses Asch vom heutigen Tage für den Fall der Zurücklegung einer fünfjährigen zufriedenstellenden Dienstzeit als Gemeindediener das Heimatrecht in der Gemeinde Asch verliehen worden sei.

Magdalena Graf übergab dieses Certifikat dem Bürgermeister von Bug, dieser trug die Sache dem Gemeindeausschusse vor, und letzterer faßte unterm 15. März 1892 einstimmigen Beschluß dahin:

daß die Gemeinde Asch als Heimatgemeinde des Johann Graf zum Ersatze der von der Gemeinde Bug sowohl für Johann Graf selbst, als auch für seine geschiedene Ehefrau, seine beiden ehelichen Kinder und seinen Stiefsohn gewährten Armenunterstützungen im Gesamtbetrage zu 570 M. anzuhalten sei.

Auf Grund dieses Beschlusses setzte sich der Bürgermeister von Bug mit dem Gemeindeausschusse und Armenpflegschaftsrate Asch ins Benehmen, welche jedoch beide den erhobenen Ersatzanspruch rundweg zurückwiesen.

Nach mehrfachen weiteren Correspondenzen, in welchen insbesondere die Heimatfrage näher erörtert wurde, gab schließlich der Gemeindeausschuß Asch unterm 1. Oktober 1892 die von sämtlichen Ausschußmitgliedern unterzeichnete Erklärung ab:

daß das beanspruchte Heimatrecht lediglich bezüglich des Stiefsohnes des Johann Graf, Namens Anton Lotz anerkannt werde, und daß dieser von jetzt an seine Heimath in der Gemeinde Asch anzusprechen habe.

III.

Am 2. Januar 1893 reichte der Gemeindeausschuß Bug bei dem k. Bezirksamte X unter Beifügung der beiden Urkunden vom 3. November 1886 und 1. Oktober 1892 eine

Vorstellung ein, worin zunächst das Sachverhältnis in ähnlicher Weise, wie oben, geschildert und hiezu noch folgendes bemerkt wurde:

Durch die Heimatverleihungs-Urkunde vom 3. November 1886 stehe fest, daß der nunmehr verstorbene Johann Graf sammt seiner geschiedenen Ehefrau, seinen leiblichen Kindern und seinem Stiefsohne zu jener Zeit, als die fraglichen Armenunterstützungen gewährt worden seien, das Heimatrecht in der Gemeinde Asch besessen hätten. Bezüglich des Stiefsohnes Anton Lotz habe der Gemeindeausschuß Asch durch Beschluß vom 1. Oktober 1892 überdies noch ausdrücklich anerkannt, daß er in der dortigen Gemeinde heimatberechtigt sei. Die Gemeinde Bug habe daher, indem sie dessenungeachtet aus Unkenntnis der betreffenden Verhältnisse Armenunterstützungen für die bezeichneten Personen gewährt habe, eine Verpflichtung der Gemeinde Asch erfüllt und sei deshalb nach den Grundsätzen des Civilrechts über die Klagen aus ungerechtfertigter Bereicherung berechtigt, von der Gemeinde Asch den Ersatz dieser Kosten zu beanspruchen. Es werde hienach beantragt:

> Kgl. Bezirksamt wolle beschließen, die Gemeinde Asch sei verpflichtet, der Gemeinde Bug den Betrag von 570 Mark zu ersetzen und sämtliche Kosten des Verfahrens zu tragen. —

Der Armenpflegschaftsrat Asch, welcher eine Abschrift dieser Vorstellung nebst ihren Beilagen vom k. Bezirksamte mitgeteilt erhielt, gab hierauf unterm 15. Februar 1893 gemeinsam mit dem Gemeindeausschusse folgende Erwiderung ab:

1. Vor allem werde die Zuständigkeit des von der Gemeinde Bug angerufenen k. Bezirksamts X bestritten. Der erhobene Ersatzanspruch sei nämlich civilrechtlicher Natur, da es sich um eine Klage aus ungerechtfertigter Bereicherung handle, also um ein Rechtsverhältnis, welches ausschließlich in die Zuständigkeit der bürgerlichen Gerichte falle. Die Zuständigkeit der Verwaltungsbehörden könne nach Art. 43 des Gesetzes über die öffentliche Armen- und Krankenpflege

vom 29. April 1869 nur bei jenen Ersatzansprüchen in Frage kommen, welche aus Art. 5 Abs. I und Art. 11—17 dieses Gesetzes erhoben würden.

2. Der Gemeindeausschuß Bug sei überdies zur Geltendmachung des von ihm erhobenen Ersatzanspruchs nicht legitimirt, da er in Sachen der Armenpflege nicht der zuständige Vertreter der Gemeinde sei.

3. Jedenfalls sei der Ersatzanspruch verfrüht erhoben, da das Heimatrecht der Mitglieder der Graf'schen Familie in der Gemeinde Asch, auf das sich der Anspruch zunächst stütze, noch keineswegs liquid gestellt sei. Man müsse nämlich auf das Entschiedenste bestreiten, daß Johann Graf nebst Frau, Kindern und Stiefsohn zu jener Zeit, als die fraglichen Unterstützungen gewährt worden seien, bezw. überhaupt jemals das Heimatrecht in der Gemeinde Asch besessen hätten. Wenn die Gemeinde Bug anzunehmen scheine, daß das fragliche Heimatrecht durch die vorgelegten Urkunden liquid gestellt sei, so befinde sie sich im Irrtum, wie sich aus folgendem ergebe:

a) das Certifikat vom 3. November 1886 und der demselben zu Grunde liegende Gemeindeausschußbeschluß schlössen noch keineswegs die Verleihung des Heimatrechtes in sich, sondern begründeten nur eine Anwartschaft auf dasselbe. In diesem Beschlusse habe lediglich zum Ausdruck gebracht werden wollen, daß Johann Graf nach Zurücklegung einer zufriedenstellenden 5jährigen Dienstzeit als Gemeindediener Anspruch auf Verleihung des Heimatrechtes haben solle. Einen solchen Anspruch habe aber Graf nach Niederlegung der Gemeindedienerstelle, vielleicht weil er während seiner Dienstzeit vom Bürgermeister einigemale wegen ungebührlichen Verhaltens verwarnt worden sei, nicht erhoben, er habe es vielmehr vorgezogen, in seine bisherige Heimatgemeinde Bug zurückzukehren.

b) In dem gedachten Beschlusse geschehe auch von der Verpflichtung zur Entrichtung einer Heimatgebühr keine Erwähnung. Auch dies spreche dafür, daß man damals noch nicht an die sofortige Verleihung des Heimatrechtes gedacht habe. Thatsächlich sei auch eine Heimatgebühr von Johann Graf nicht entrichtet worden. Ohne Entrichtung einer solchen sei aber der Erwerb des Heimatrechtes überhaupt nicht denkbar.

c) Außerdem entbehre der fragliche Beschluß auch deshalb der rechtlichen Wirksamkeit, weil er ohne aufsichtliche Genehmigung gefaßt worden sei.

d) Jedenfalls könne aber der Beschluß vom 3. November 1886 und das auf Grund desselben ausgestellte Certifikat nur für die Person des Johann Graf wirksam sein, und zwar teils mit Rücksicht auf die im Jahre 1884 erfolgte Auflösung seiner Ehe, teils um deswillen, weil in den fraglichen Urkunden stets nur von Johann Graf allein gesprochen werde, und die Gemeinde Asch auch nur willens gewesen sei, ihm allein als Entgelt für eine mehrjährige entsprechende Dienstleistung den Anspruch auf Erwerbung des Heimatrechtes einzuräumen.

e) Was endlich das Anerkenntnis vom 1. Oktober 1892 betreffe, so käme demselben eine Bedeutung für diese Sache schon deshalb nicht zu, weil es nur für die Zukunft, nicht für die Vergangenheit erklärt worden sei. Im übrigen halte sich die Gemeinde Asch an dieses Anerkenntnis auch nicht mehr gebunden, da es in Unkenntnis der von der Gemeinde Bug bei der Korrespondenz im vorigen Jahre wissentlich verschwiegenen und von der Gemeinde Asch erst neuerlich in Erfahrung gebrachten Thatsache abgegeben worden sei, daß Anton Lotz sich über 10 Jahre lang im Auslande aufgehalten habe. Hierdurch sei derselbe überhaupt jedes Heimatrechtes in Bayern verlustig gegangen.

4) Nur vorsorglich werde noch bemerkt, daß der erhobene Ersatzanspruch auch im übrigen d. i. abgesehen von der Heimatfrage als begründet nicht anerkannt werde. Es werde zwar weder die Unterstützungsbedürftigkeit

der betreffenden Personen noch die Angemessenheit der geleisteten Unterstützungen bestritten, dagegen werde in Abrede gestellt, daß sich die Gemeinde Bug in einem entschuldbaren Irrtume befunden habe, da sie, falls es ihr darum zu thun gewesen wäre, recht wohl bei einiger Sorgfalt sich Kenntnis von jenen Verhältnissen hätte verschaffen können, welche nach ihrer Ansicht das Heimatrecht für Johann Graf und Familie in der Gemeinde Asch begründen sollen.

Zum Schlusse wurde beantragt:

Kgl. Bezirksamt wolle den von der Gemeinde Bug erhobenen Ersatzanspruch in seinem ganzen Umfange kostenfällig zurückweisen.

IV.

Nachdem das k. Bezirksamt von dem Inhalte der Erwiderungsschrift Kenntnis genommen hatte, nahm dasselbe zunächst Anlaß, die Sache in Beziehung auf die angeregte Heimatfrage in nähere Instruktion zu ziehen. Hiebei wurde zu den bereits oben (unter Ziff. I) konstatirten Thatsachen noch folgendes festgestellt:

1. Bei dem Abschlusse der Ehe des Johann Graf mit Katharina Lotz hat eine Einkindschaftung des erstehelichen Sohnes der letzteren nicht stattgefunden.*)

2. Johann Graf hat den Dienst als Gemeindediener in der Gemeinde Asch am 3. Juli 1886 angetreten, nachdem er vorher vorschriftsgemäß verpflichtet worden war. Seine Dienstleistung, welche bis zum Tage seines Abgangs nach Bug (15. Dezember 1891) währte, hat niemals zu erheblichen Beanstandungen geführt.

3. Der Beschluß des Gemeindeausschusses Asch vom 3. November 1886 wurde in Anwesenheit sämtlicher Gemeinde-

*) Diese Konstatierung gilt nur für das rechtsrheinische Bayern.

ausschußmitglieder mit absoluter Stimmenmehrheit gefaßt und hat ausweislich des Beschlußprotokolles folgenden Wortlaut:

a) dem derzeitigen Gemeindediener Johann Graf werde hiemit auf sein Ansuchen für den Fall der Zurücklegung einer fünfjährigen zufriedenstellenden Dienstzeit als Gemeindediener das Heimatrecht in der Gemeinde Asch verliehen.

b) Hierüber sei eine Urkunde auszufertigen und dem Johann Graf auszuhändigen.

4. Von diesem Beschlusse wurde der Gemeinde Bug und den Angehörigen des Johann Graf keine Mitteilung gemacht. Auch wurde derselbe der Aufsichtsbehörde nicht zur Bestätigung vorgelegt.

5. Eine Heimatgebühr wurde dem Johann Graf von der Gemeinde Asch nicht abgefordert und von ihm auch nicht entrichtet.

6. Dem Stiefsohn Anton Lotz wurde am 1. Juli 1880 vor seinem Weggange in die Schweiz auf sein Ansuchen von dem Gemeindeausschusse Bug ein Heimatschein ausgestellt, worin ihm bestätigt wurde, daß er in der Gemeinde Bug heimatberechtigt sei.

7. Anton Lotz hielt sich im Jahre 1883 drei Monate lang in Bayern auf und brachte diese Zeit größtenteils bei seinem Stiefvater und seiner Mutter in Bug zu. Er verließ nämlich die Schweiz im März 1883, um sich der Militär-Ersatzbehörde zu stellen und kehrte im Juni desselben Jahres wieder dorthin zurück, nachdem er wegen körperlichen Gebrechen Befreiung vom Militärdienste erlangt hatte.

8. Die Gemeinde Asch hat von dem Aufenthalte des Anton Lotz in der Schweiz erst nach dem 1. Oktober 1892 Kenntnis erhalten.

V.

Das Resultat der gepflogenen Erhebungen wurde sowohl den Gemeindeausschüssen als den Armenpflegschaftsräthen der beiden Gemeinden Bug und Asch mitgeteilt.

Am 1. Juli 1893 kamen der Gemeindeausschuß und Armenpflegschaftsrat Bug auf die Erwiderungsschrift der Gemeinde Asch vom 15. Februar 1893 mit einer Gegenerklärung ein. In diesem Schriftstücke wurde primär der in der Vorstellung vom 2. Januar 1893 gestellte Antrag ungeachtet der gegen dessen Zulässigkeit vorgebrachten Einwendungen, welche sämtlich hinfällig seien, ausdrücklich aufrecht erhalten und hiezu bezüglich des Anerkenntnisses vom 1. Oktober 1892 noch insbesondere bemerkt, daß dasselbe in seinen Wirkungen einem rechtskräftigen Heimatbeschlusse gleich zu achten sei und daher gleich einem solchen nach dem in der Plenar-Entscheidung des Verwaltungsgerichtshofs vom 2. März 1888 (Samml. Bd. IX. S. 372) ausgesprochenen Rechtsgrundsatze rückwirkende Kraft habe.

Eventuell wurde beantragt:

Kgl. Bezirksamt wolle über die Heimatszuständigkeit des verstorbenen Johann Graf und seiner Angehörigen instanziellen Bescheid dahin erlassen, daß die Gemeinde Asch als Heimatgemeinde der genannten Personen zu erklären sei; zugleich wolle das k. Bezirksamt in Verbindung mit diesem Ausspruche auch über den erhobenen Ersatzanspruch im Sinne des primär gestellten Antrags Entscheidung treffen.

Zur Begründung des eventuellen Antrags wurde unter Hinweis auf das Ergebnis der gepflogenen Heimatsrecherchen noch folgendes vorgebracht:

Durch den Gemeindeausschußbeschluß vom 3. November 1886 hätten sowohl Johann Graf selbst als auch seine Familienangehörigen zweifellos das Heimatrecht in der Gemeinde Asch erworben und zwar letztere namentlich auch deshalb, weil ein Heimatvorbehalt in Ansehung derselben weder gemacht, noch auch von ihnen sowie von der Gemeinde Bug acceptiert worden sei. Gegenüber diesem späteren Heimatserwerbe, welcher unter den gegebenen Umständen auch dadurch nicht aufgehalten worden sei, daß Johann Graf eine Heimatgebühr mangels der Anforderung einer solchen nicht entrichtet habe, könne selbstverständlich auch der dem Stiefsohn Anton Lotz von der Gemeindebehörde Bug im Jahre 1880 ausgestellte Heimatsschein nicht weiter in Betracht kommen. Ob Anton Lotz durch seinen Aufenthalt in der Schweiz überhaupt und trotz der Unterbrechung dieses Aufenthaltes das Heimatrecht in Bayern verloren habe, werde der Entscheidung des k. Bezirksamts anheim gegeben. Die Gemeinde Bug sei nicht dieser Ansicht; im Hinblick auf das spätere Heimatsanerkenntnis vom 1. Oktober 1892 dürfte übrigens diese Frage kaum mehr von Belang sein. Durch die gepflogenen Erhebungen sei schließlich zur Genüge erwiesen, daß die Gemeinde Bug zur kritischen Zeit von den für die Heimatfrage maßgebenden Verhältnissen ohne ihr Verschulden noch keine Kenntnis gehabt habe.

Der Gemeindeausschuß und Armenpflegschaftsrat Asch, welchen obige Gegenerklärung abschriftlich mitgeteilt wurde, reichten am 1. August 1893 noch eine Schlußerklärung ein, worin zunächst bemerkt wurde, daß man mit der instanziellen Entscheidung der strittigen Heimatfrage sowie mit der Feststellung der betreffenden Heimatverhältnisse und zwar nicht bloß für die kritische, der Vergangenheit angehörige Zeit, sondern auch für die Gegenwart vollkommen einverstanden sei, da sich doch wohl über kurz oder lang wieder ein Unterstützungsfall ergeben dürfte. Im übrigen wurde durchweg auf dem in dem Schriftsatze vom 15. Februar 1893 vertretenen Standpunkte beharrt und schließlich Entscheidung nach Lage der Sache beantragt.

Vom k. Bezirksamt wurden noch die sämtlichen Heimats-Interessenten bezw. deren gesetzliche Vertreter einvernommen. Dieselben gaben die Entscheidung der strittigen Heimatfrage dem Ermessen des k. Bezirksamts anheim, im Vertrauen, daß dieses schon das Richtige finden werde. Nur Anton Lotz verwahrte sich entschieden dagegen, daß er durch seinen Aufenthalt in der Schweiz jedes Heimatrecht in Bayern verloren haben solle.

Aufgabe ist:

den der Aktenlage entsprechenden Beschluß des k. Bezirksamtes X zu entwerfen und erschöpfend zu begründen. Die Ausarbeitung eines Sachverhaltes ist erlassen, als solcher gilt die obige Darstellung.

Spezielle Aufgaben

für die

Rechtspraktikanten

in der

Pfalz.

1893.

Probeaufgabe
aus dem Pfälzischen bürgerlichen Rechte.

Die Eheleute Friedrich Schulz und Maria Weber in Forst verheiratheten sich am 15. Mai 1879 daselbst unter Stipulation der Errungenschaftsgemeinschaft nach Art. 1498 Cod. civ. Der Ehemann trat in die Ehe mit einem ihm persönlich angehörigen, dort gelegenen Wohnhause. Am 1. September 1879 erwarben dieselben einen im dortigen Banne gelegenen Wingert, der in die Gütergemeinschaft fiel.

Gegen den Ehemann Schulz wurden bei dem Hypothekenamte Frankenthal die nachbezeichneten Hypothekareinschreibungen genommen:

1. Alsbald nach Abschluß der Ehe — am 16. Mai 1879 — nahm der Vater der Ehefrau Schulz in Gemäßheit des Art. 2139 Cod. civ. zu deren Gunsten und zur Sicherung ihres in die Ehe eingebrachten Mobiliarvermögens sowie der sonstigen aus der Ehe ihr etwa zustehenden Ersatzansprüche (Art. 2135) gegen den Ehemann Schulz generelle Einschreibung der ihr zustehenden Legalhypothek auf dessen gegenwärtiges und zukünftiges, in dem Hypothekenamtsbezirk belegenes Immobiliarvermögen.

Innerhalb der zehnjährigen Frist des Art. 2154 Cod. civ. wurde diese Einschreibung nicht erneuert. Nachträglich nahm aber die Ehefrau Schulz selbst unter Beobachtung der Vorschriften des Art. 4 des Gesetzes vom 26. April 1888, die Abänderung von Bestimmungen des in der Pfalz geltenden Hypotheken- und Vormundschaftsrechts betreffend, gegen ihren Ehemann am 31. Dezember 1889 eine neue Einschreibung zur Sicherung ihres bei Abschluß der Ehe eingebrachten, in ziffermäßigem Betrage angegebenen Vermögens, und zwar auf das obbezeichnete Wohnhaus und den Wingert unter Bezeichnung des 15. Mai 1879 als des Zeitpunktes, nach dem sich der Rang ihrer Legal-Hypothek bestimme.

2. Durch Familienratsbeschluß des kgl. Amtsgerichts Dürkheim a. d. Hdt. vom 14. November 1879 wurde der Ehemann Schulz zum Dativvormund der minderjährigen Kinder der in Forst verlebten Eheleute Kaspar Wolf und Anna Setzer ernannt. Am 24. November nahm er diese Vormundschaft an.

Auf Antrag des Staatsanwaltes am Landgerichte Frankenthal wurde gemäß Art. 2138 Cod. civ. für jene Minorennen zur Sicherung ihrer vormundschaftlichen Ansprüche gegen den Ehemann Schulz generelle Einschreibung ihrer Legalhypothek auf dessen gegenwärtiges und zukünftiges Immobiliar-Vermögen am 20. Dezember 1879 genommen. Noch innerhalb der zehnjährigen Erinnerungsfrist — am 15. Dezember 1889 — erwirkte der kgl. Oberamtsrichter in Dürkheim nach Maßgabe der vorbezeichneten Hypothekenrechtsnovelle die Erneuerung dieser Einschreibung unter Angabe des zu sichernden Geldbetrages und unter Bezeichnung des obbesagten Wohnhauses und Wingerts als Unterpfandsobjekte.

Die Erneuerung erfolgte unter ausdrücklicher Bezugnahme auf die nach Band und Nummer, sowie nach Datum bezeichnete erste Einschreibung vom 20. Dezember 1879, jedoch ohne weitere Angabe des Zeitpunktes, nach dem sich der Rang der Mündelhypothek bestimme.

3. Die zwischen den Eheleuten Schulz bestandene Ehe wurde am 5. August 1890 durch Urteil rechtskräftig geschieden. Wegen einer gütergemeinschaftlichen Schuld erwirkte

der Handelsmann Isaak Bähr in Dürkheim gegen den Ehemann Schulz am 15. September 1890 ein Urteil des kgl. Landgerichts Frankenthal, auf dessen Grund er seine gerichtliche Hypothek gegen den Ehemann nach Maßgabe der erwähnten Novelle zur Sicherung seiner Forderung am 25. September 1890 in das Hypothekenbuch einschreiben ließ, und zwar gleichfalls auf das mehrerwähnte Wohnhaus und den Wingert.

Die zwischen den Eheleuten Schulz bestandene Gütergemeinschaft, welche die Ehefrau annahm, wurde notariell geteilt.

Wegen Unteilbarkeit wurde der gütergemeinschaftliche Wingert am 2. Januar 1891 licitiert, wobei der Winzer Adam Zott in Forst Ansteigerer wurde. Gleichzeitig ließ der Ehemann Schulz das ihm persönliche Wohnhaus mitversteigern, welches von demselben Adam Zott erworben wurde. Auf grund des notariellen Licitations- und Versteigerungsprotokolles, worin das Recht der konventionellen Wiederversteigerung bedungen war, zur Sicherung des Erlöses resp. Auflösungsrechts das Vorzugsrecht einschreiben zu lassen (Art. 1 und 2 der Novelle), wurde versäumt.

Im Jahre 1893 wurde gegen den Ansteigerer Zott das Subhastationsverfahren auf Betreiben eines späteren Gläubigers desselben eingeleitet. Das ersteigerte Wohnhaus und der Wingert wurden am 29. September 1893 subhastiert. In dem hierauf erfolgten Verteilungsverfahren meldeten neben anderen Gläubigern des Subhastanten Zott die geschiedene Ehefrau Schulz, die Mündel Wolf und der Urteilsgläubiger Bähr, welche von dem Ehemann Schulz keine Befriedigung erlangen konnten, die oben unter Nr. 1 bis 3 näher bezeichneten Hypothekarforderungen auf Grund der dort angeführten Einschreibungen auf die Erlöse aus Wohnhaus und Wingert an.

Es ist nun, unter Anführung der einschlägigen gesetzlichen Bestimmungen und näherer Begründung, zu einer jeden der oben unter Ziff. 1, 2 und 3 bezeichneten Hypotheken anzugeben, und zwar sowohl bezüglich des Wohnhauses, als auch bezüglich des Wingerts, ob dieselben den beteiligten Dritten gegenüber zu Recht bestehen, beziehungsweise mit rechtlicher Wirksamkeit eingeschrieben sind, und wenn und soweit ja, nach welchem Zeitpunkte (Datum) sich der Rang einer jeden bemißt.

Praktischer Fall
aus dem Justizfache.

Aus nachstehenden Prozeduräkten und nach Maßgabe der darin niedergelegten Bemerkungen ist ein landgerichtliches Urteil in der Form einer Ausfertigung mit allen vom Gesetze vorgeschriebenen inneren und äußeren Erfordernissen sowie mit einer dem Gesetze entsprechenden Entscheidung abzufassen.

Zur Zivilkammer
des kgl. Landgerichts
Landau.

Klageschrift

für

Abraham Weil, Handelsmann in Edenkoben wohnhaft, Kläger durch den unterzeichneten Rechtsanwalt Maier vertreten,

gegen

Konrad Schaefer, Landwirt in Edesheim wohnhaft, Beklagten, wegen Forderung.

Wert des Streitgegenstandes 6000 ℳ.

I.

Mittelst Urkunde, errichtet vor dem kgl. Notar Münch in Edenkoben am 1. Oktober 1888, hat der Beklagte Konrad Schaefer von seinem Bruder Philipp Schaefer, Ackerer in

Edesheim, ein allda gelegenes Wohnhaus mit Hofraum und Nebengebäuden um den Preis von 20 000 ℳ käuflich erworben. Auf diesen in fünf gleichen Raten an den Martinitagen der Jahre 1888 bis 1892 zahlbaren und zu 5 % verzinslichen Kaufpreis hat der Beklagte die vier ersten Raten nebst den bis Martini 1891 fällig gewordenen Zinsen an seinen Verkäufer, Philipp Schaefer, bezahlt. Dagegen schuldet derselbe noch die an Martini 1892 fällig gewordene letzte Kaufpreisrate von 4000 ℳ nebst den fünfprozentigen Zinsen aus diesem Betrage von Martini 1891 bis Martini 1892 mit 200 ℳ.

II.

Während der Beklagte in den Jahren 1881 bis 1885 in der Fremde gewesen war und auswärts in größeren landwirtschaftlichen Betrieben Stellung nahm, war er mehrmals leidend und außer Stellung gewesen, weshalb er zeitweilig nach Edesheim zurückkehrte, woselbst er im Hause seines Bruders Philipp Schaefer Wohnung und volle Verpflegung erhielt. Während seines Aufenthaltes bei dem Bruder Philipp entlieh er auch von diesem zu wiederholtenmalen bares Geld, über dessen leihweisen Empfang er auch jeweilig handschriftliche Bescheinigung erteilte.

Auf diese Weise ist Beklagter seinem Bruder Philipp Schaefer schuldig geworden:

1. für Kost und Wohnung während 20 Monaten, berechnet mit 60 ℳ für den Monat . . 1200 ℳ
2. für bar geliehenes Geld . . . . 800 ℳ

nämlich laut Handschrift vom

1. Dezember	1881	ℳ	200
1. März	1882	ℳ	150
1. Februar	1883	ℳ	250
1. März	1884	ℳ	200.

Kläger Weil hat nun laut eines von Notar Münch in Edenkoben am 1. Februar 1892 errichteten Cessionsvertrages sowohl die unter Ziffer I bezeichnete Restkaufpreisforderung von 4000 ℳ samt dem noch übrigen Zinsanspruche, als die oben unter Ziffer II erwähnten Forderungen im Betrage von 1200 ℳ und 800 ℳ käuflich erworben. Als nun der Cessionar am Tage nach Martini 1892 von dem Beklagten die Zahlung verlangte, erklärte dieser, daß er nicht bezahle und um die Cession sich nichts kümmere. Kläger ließ ihn hienach von der erfolgten Cession unter Mitteilung einer beglaubigten Abschrift der Vertragsurkunde vom 1. Februar 1892 mittelst Aktes des kgl. Gerichtsvollziehers Bauer in Edenkoben vom 15. November 1892 förmlich benachrichtigen und zugleich auffordern, außer der an Martini zuvor fällig gewordenen Kaufpreisrate mit Zinsen auch die oben unter Ziffer II erwähnten Forderungsbeträge unverzüglich an ihn, den Cessionär, zu bezahlen. Beklagter leistet auch dieser Aufforderung keine Folge, weshalb Klage geboten ist. Beklagter wird daher zur mündlichen Verhandlung über diese Klage vor die Civilkammer des kgl. Landgerichts in Landau zu dem unten von dem Vorsitzenden dieser Kammer anberaumten Termin vorgeladen und zugleich aufgefordert, einen bei dem bezeichneten Gerichte zugelassenen Rechtsanwalt als Prozeßbevollmächtigten zu bestellen.

Für den Kläger wird der Antrag gestellt:

Es gefalle der Civilkammer des kgl. Landgerichts Landau, den Beklagten zu verurteilen, an den Kläger in dessen Eigenschaft als Rechtsnachfolger des Ackerers Philipp Schaefer in Edesheim zu bezahlen:

1.	Die an Martini 1892 fällig gewordene Kaufpreisrate mit	4000 ℳ
	nebst Zins zu 5 % aus dieser Summe von Martini 1891 bis dahin 1892 mit . .	200 ℳ
2.	für erhaltene Kost und Wohnung . . .	1200 ℳ
3.	für bar geliehenes Geld	800 ℳ
	mithin im ganzen die Summe von . . .	6200 ℳ

nebst Zins zu 5 % aus diesem Betrage vom Tage der

Mahnung, dem 15. November 1892 an, dem Beklagten auch die Kosten des Prozesses zur Last zu legen.

Landau, den 28. Dezember 1892.

Der Prozeßbevollmächtigte des Klägers:
Maier,
Rechtsanwalt.

Zur mündlichen Verhandlung über vorstehende Klage wird die Sitzung der Civilkammer des kgl. Landgerichts dahier vom 1. März 1893 vormittags 9 Uhr bestimmt.

Landau, den 29. Dezember 1892.

Der Vorsitzende der Civilkammer des kgl. Landgerichts:
Lang, kgl. Landgerichtspräsident.

Bemerkung: Die Klageschrift ist dem Beklagten laut Aktes des Gerichtsvollziehers Becker in Landau vom 2. Januar 1893 und Postzustellungsurkunde vom Tage darauf in gehöriger Weise zugestellt worden.

Klagebeantwortung

für

Konrad Schaefer, Landwirt in Edesheim wohnhaft, Beklagten, durch den unterzeichneten Rechtsanwalt Müller vertreten,

gegen

Abraham Weil, Handelsmann in Edenkoben wohnhaft, Kläger, durch Rechtsanwalt Maier vertreten.

Die erhobene Klage ist ihrem ganzen Umfange nach unbegründet.

I.

Inhaltlich der Kaufurkunde vom 1. Oktober 1888 war der Beklagte allerdings verpflichtet gewesen, an Martini 1892 die letzte Kaufpreisrate mit 4000 ℳ, sowie den Jahreszins von 200 ℳ zu bezahlen.

Für den Beklagten wird jedoch eingewendet, daß die bezeichnete Schuld desselben auf dem Wege der Wettschlagung getilgt worden ist.

Um größere bauliche Veränderungen in seinem Anwesen vornehmen zu können, hatte Philipp Schaefer im Jahre 1886 bei einem Verwandten, Namens Peter Dick, Wirt und Ackerer in Edesheim ein zu 5 % verzinsliches Darlehen von 6000 ℳ aufgenommen, welches inhaltlich der vor Notar Weber in Landau am 1. August 1886 errichteten Vertragsurkunde in sechs gleichen Raten an den Martinitagen der Jahre 1888 bis 1893 rückzahlbar war. Zur Hingabe des Darlehens hatte aber Peter Dick erst dann sich verstanden, nachdem die Ehefrau des Philipp Schaefer ihre solidarische Mitverpflichtung und der Beklagte Konrad Schaefer die Übernahme der Solidarbürgschaft ihm zugesagt hatten. Dieser Zusage entsprechend haben sich dann auch die Ehefrau des Philipp Schaefer als solidarisch Mitverpflichtete und der Beklagte als Solidarbürge in der über den Darlehensvertrag errichteten Urkunde dargestellt. Philipp Schaefer hatte indessen, noch ehe er anfing zu bauen, das aufgenommene Geld zum größten Teile zur Erfüllung anderer Verpflichtungen verwendet. Folge hievon war, daß er im Jahre 1888 sich genötigt sah, sein Anwesen zu verkaufen und die vom Beklagten erhaltenen Ratenzahlungen hauptsächlich zur Abtragung seiner Bauschulden und der angelaufenen Zinsbeträge zu verwenden. So war es gekommen, daß Philipp Schaefer zwar die beiden ersten Termine seiner Darlehensschuld an den Gläubiger Peter Dick noch bezahlte, dagegen die an Martini 1890 und 1891 fällig gewordenen Termine nicht mehr entrichten konnte. Dick hatte sogar alle Mühe gehabt, wenigstens den Zins seines Guthabens bis Martini 1891 bezahlt zu erhalten. Als nun Dick im Jahre 1892 nach Amerika auswandern wollte und hiezu seines Geldes dringend bedurfte, ging er zunächst seine Schuldner, die Eheleute Philipp Schaefer, und als diese erklärten, das Geld nicht beschaffen zu können, den Beklagten als Solidarbürgen um die Zahlung an. Dabei verlangte derselbe die Zahlung der ganzen noch übrigen Schuld, indem er sich darauf berief, daß Philipp Schaefer im völligen Vermögensverfall sich befinde und damit das Recht verloren habe, auf die ihm im Darlehensvertrage verwilligten Termine sich zu berufen.

Beklagter, welcher den Vermögensverfall und die Zahlungsunfähigkeit seines Bruders Philipp kannte, und auf Befragen die Auskunft erhalten hatte, daß das Begehren des Gläubigers Dick ein berechtigtes sei, bezahlte hienach diesem Letzteren den ganzen noch übrigen Kapitalbetrag der Darlehensschuld mit 4000 ℳ, sowie die aus dieser Summe von Martini 1891 bis zum Tage der Zahlung berechneten Zinsen und ließ sich zu gleicher Zeit von dem Gläubiger Dick in dessen sämtliche Rechte und Klagen wider die Schuldner Philipp Schaefer und dessen Ehefrau ausdrücklich einsetzen. Ueber die am 1. September 1892 erfolgte Zahlung und Subrogation wurde am nemlichen Tage vor dem kgl. Notar Weber die öffentliche Urkunde errichtet. Von dem Beklagten wurde es auch nicht unterlassen, die geschehene Zahlung und Subrogation am 1. Oktober 1892 mittelst Aktes des Gerichtsvollziehers Bauer in Edenkoben den Eheleuten Philipp Schaefer kundzugeben.

Als Solidarbürge, welcher bezahlt hat, sowie auf Grund der kraft Gesetzes und Vertrags eingetretenen Subrogation hatte daher der Beklagte an Martini 1892 an Philipp Schaefer zu fordern:

Die Kapitalsumme von	4000 ℳ
den Zins hieraus von Martini 1891 bis dahin 1892 mit	200 ℳ
mithin im ganzen	4200 ℳ

Die an Martini 1892 im gleichen Betrage fällig gewordene Schuld des Beklagten ist daher durch die vorstehend berechnete Forderung desselben vollständig ausgeglichen.

II.

Nicht wenig erstaunt war der Beklagte gewesen, als er nach Martini 1892 durch das Vorgehen des Klägers erfuhr, daß jetzt im Jahre 1893 noch Forderungen gegen ihn geltend gemacht werden, welche in der ersten Hälfte der 80er Jahre entstanden und gleichfalls durch Wettschlagung längst getilgt sind.

Um diese Tilgung darzulegen, ist es nötig, auf die Zeit zurückzugehen, während welcher der Beklagte noch minderjährig und unter der Vormundschaft seines ältesten Bruders Philipp gestanden war.

Nachdem im Jahre 1874 beide Eltern des Beklagten mit Tod abgegangen waren, wurde das von denselben hinterlassene Vermögen im Jahre darauf durch gerichtlich verordnete und von dem kgl. Notar Münch in Edenkoben gefertigte Teilung zwischen den drei vorhandenen Geschwistern abgeteilt. Philipp Schaefer verwaltete hienach das dem Beklagten zugeteilte Vermögen, stellte, nachdem derselbe gegen Ende des Jahres 1880 das Alter der Volljährigkeit erreicht hatte, die Vormundschaftsrechnung, zahlte den verbliebenen Rezeß und überlieferte dem Beklagten dessen Erbvermögen, welches hauptsächlich in Liegenschaften bestanden hatte. Als nun der Beklagte im Jahre 1885 aus der Fremde nach Edesheim bleibend zurückgekehrt war, erfuhr er eines Tages im Gespräche mit dem ersten Gehilfen des Notar Münch, daß im Jahre 1876 auf ein ihm bei der Teilung zugewiesenes Lotterielos ein Gewinn von 2000 ℳ entfallen war, welchen der Vormund Philipp Schaefer für Rechnung seines Mündels auf dem Bureau des Notars erhoben und quittiert hat.

Beklagter, welcher vorher gar nicht gewußt hatte, daß im elterlichen Nachlasse Lotterielose vorhanden gewesen waren, aber darin sicher war, daß in der Vormundschaftsrechnung weder ein Gewinn von 2000 ℳ verrechnet, noch der Lotterielose mit einem Worte gedacht war, nahm aus der ihm gewordenen Mitteilung Anlaß, auf dem Bureau des kgl. Notars nähere Erkundigungen einzuziehen. Er ersah hier aus der Teilungsurkunde, daß jedem der drei Geschwister drei gleichnamige Lose zugeteilt worden waren. Aus der Vergleichung der gedruckten amtlichen Ziehungsliste mit der

Teilungsurkunde überzeugte er sich sodann, daß auf eines der ihm zugeteilten Lose in der That ein Gewinn von 2000 ℳ entfallen war. Hinsichtlich der Art der Erhebung des Gewinnes wurde dem Beklagten die Auskunft gegeben, daß Philipp Schaefer kurze Zeit vor der Ziehung mit den 9 Losen auf das Bureau des Notars gekommen war und den anwesenden ersten Gehilfen gebeten hatte, sich um die Ziehungsliste zu bemühen und einen allenfallsigen Gewinn zu erheben. Dieser besorgte dann auch die Erhebung und händigte alsdann dem Philipp Schaefer auf dem Bureau des Notars die 2000 ℳ aus, sowie die übrigen 8 Lose, auf welche Gewinne nicht entfallen waren. Philipp Schaefer, dem ausdrücklich gesagt worden war, daß der Gewinn seinem Mündel, dem Beklagten, gehöre, quittierte alsdann in seiner Eigenschaft als Vormund desselben den Empfang der 2000 ℳ. Auch von dieser Quittung hat Beklagter selbst Einsicht genommen. Es bestand daher kein Zweifel mehr für ihn, daß er diese 2000 ℳ an seinen früheren Vormund Philipp Schaefer zu besprechen habe. Als dann letzterer eines Tages im Winter 1885/86 den Beklagten gelegentlich fragte, wann dieser seine Schuld für Kost und Wohnung und die entliehenen Baarbeträge zurückzubezahlen gedenke, gab ihm der Beklagte zur Antwort, er habe geglaubt, daß er von der Vormundschaft her noch 2000 ℳ gut habe; auf dem Notariatsbureau sei ihm gesagt worden, daß es sein Los gewesen sei, welches den Gewinn gemacht habe. Philipp Schaefer gab darauf zur Antwort, dies könne möglich sein, er wolle selbst auf dem Bureau des Notars sich erkundigen. Da er in der Folge die Sache nicht mehr zur Sprache brachte und trotz seiner schon damals mißlich gewesenen Vermögensverhältnisse es unterließ, den Beklagten nochmals an die Zahlung seiner Schuld für Kost und Wohnung, sowie für entliehenes Geld zu erinnern, so ließ auch der Beklagte die Sache auf sich beruhen, indem er die beiderseitigen Forderungen als durch Wettschlagung ausgeglichen betrachtete, wiewohl er davon überzeugt war, daß seine Forderung zuzüglich der Zinsen, auf welche er Anspruch gehabt hätte, die Forderungen des Bruders offenbar übersteige.

Beklagter nimmt diesen Standpunkt auch jetzt noch ein, betrachtet also die bezeichneten beiderseitigen Forderungen als durch Wettschlagung getilgt und sieht davon ab, den in der Klage für Kost und Wohnung geforderten Betrag, wiewohl derselbe nicht auf einer Vereinbarung, sondern lediglich auf der einseitigen und offenbar übertriebenen Schätzung des Philipp Schaefer beruht, der Höhe nach zu bestreiten.

Aus den unter Ziffer I und II gegebenen Darlegungen ergibt sich, daß keiner der in der Klage begriffenen Ansprüche begründet ist.

Wiewohl der Kläger die an ihn erfolgte Cession erst am 15. November 1892 dem Beklagten kundgeben ließ, hat er sich doch für berechtigt erachtet, schon am 3. Oktober 1892 bei der Civilkammer des kgl. Landgerichts Landau zur Sicherung der Zwangsvollstreckung hinsichtlich der ihm übertragenen Forderungsrechte einen Arrest- und Pfändungsbeschluß zu erwirken und die dem Beklagten durch die Zahlung mit Subrogation gegen die Eheleute Philipp Schaefer entstandenen Forderungsrechte zu pfänden.

Da, wie gezeigt wurde, keiner der Klageansprüche gerechtfertigt ist und der Kläger keinesfalls schon zur Zeit der Arresterwirkung Gläubiger des Beklagten gewesen sein konnte, so sieht der Letztere sich veranlaßt, in Gemäßheit des § 807 der R.-C.-P.-O. Incident-Antrag zu stellen und mittelst dieses die Aufhebung des Arrestbefehles und in Verbindung hiemit zugleich die Aufhebung der Arrestpfändung zu begehren.

Aus diesen Gründen

gefalle es der Civilkammer des kgl. Landgerichts Landau die erhobene Klage abzuweisen, den Arrestbefehl dieses Gerichts vom 3. Oktober 1892, sowie die durch Beschluß desselben Gerichts vom 3. Oktober 1892 zum Vollzuge des Arrestbefehles verfügte und hienach am Tage darauf bethätigte Forderungspfändung aufzuheben und dem Kläger sämtliche Prozeßkosten, insbesondere auch die des Incidentantrages, zur Last zu legen.

Landau, den 12. Januar 1893.

Der Prozeßbevollmächtigte des Beklagten:

Müller, Rechtsanwalt.

Abschrift erhalten am 13. Januar 1893.

Maier, Rechtsanwalt.

Erwiderungs-Schriftsatz

für

Abraham Weil, Handelsmann in Edenkoben wohnhaft, Kläger, durch Rechtsanwalt Maier vertreten,

gegen

Konrad Schaefer, Landwirt in Edesheim wohnhaft, Beklagten durch Rechtsanwalt Müller vertreten.

Die Einwendungen des Beklagten sind nach keiner Richtung hin geeignet, die in der Klage erhobenen Ansprüche zu beseitigen.

I.

Hinsichtlich der gegen die Restkaufpreisforderung sich richtenden Einrede der Wettschlagung wird zunächst in Erinnerung gebracht, daß Kläger die bezeichnete Forderung bereits durch Cessionsvertrag vom 1. Februar 1892 erworben hatte, Beklagter also nicht berechtigt sein konnte, mit einer Forderung an den Cedent, Philipp Schaefer, wettzuschlagen, welche er nach seiner eignen in der Klagebeantwortung gegebenen Sachdarstellung erst am 1. September 1892 durch die an diesem Tage erfolgte Zahlung mit Subrogation erworben hat.

Als Kläger anfangs Oktober 1892 von dieser Zahlung mit Subrogation Kenntnis erlangte, war ihm gleichzeitig zu Ohren gekommen, daß Konrad Schaefer damit umgehe, sein ganzes Vermögen flüssig zu machen, um mit dem genannten Dick nach Amerika auszuwandern.

Kläger, welcher seinen Cessionspreis bar ausbezahlt hat, mußte anbetracht der ihm gewordenen Mitteilungen wegen seiner Forderungen ernstlich besorgt sein, da ihm hinsichtlich der Forderungen von 1200 ℳ und 800 ℳ eine dingliche Sicherheit überhaupt nicht zu Gebote stand und die hinsichtlich der Restkaufpreisforderung vorhandene keineswegs eine genügende war. Dem Kläger wurde es nemlich bekannt, daß die Ehefrau des Philipp Schaefer bei dem Verkaufe des zum persönlichen Vermögen ihres Ehemannes gehörig gewesenen Wohnhauses nicht mitgewirkt hatte, und ältere Verpflichtungen, welche dieselbe solidarisch mit ihrem Ehemanne einging, zur Zeit noch ungedeckt sind. Da nun im Laufe des Vorjahres die Ehefrau des Philipp Schaefer von ihrem Manne in Gütern getrennt wurde, die Belieferung aber noch nicht stattgehabt hat, so ist zu gewärtigen, daß ältere Legalhypothekarrechte auf das an Konrad Schaefer verkaufte Wohnhaus geltend gemacht werden.

Kläger mußte daher unter den bezeichneten Umständen darauf bedacht sein, zu seiner Sicherung die Forderungsrechte zu pfänden, welche dem Beklagten durch die am 1. September 1892 erfolgte Zahlung mit Subrogation gegen den Hauptschuldner Philipp Schaefer und dessen solidarisch mitverpflichtete Ehefrau entstanden waren. Zu diesem Zwecke wurde dann auch auf Anstehen des Klägers unter Bezugnahme auf den dem Arrestgesuche in Abschrift beigefügten Cessionsakt und die obenerwähnten, dem Kläger gewordenen Mitteilungen am 2. Oktober 1892 dinglicher Arrest auf das bewegliche Vermögen des Beklagten und zugleich die Pfändung der demselben aus der Zahlung mit Subrogation gegen die Eheleute Philipp Schaefer entstandenen Forderungsrechte nachgesucht und der bewilligende Beschluß der Civilkammer des kgl. Landgerichts Landau vom 3. Oktober 1892 am Tage darauf durch den Gerichtsvollzieher zuvörderst den Drittschuldnern, den Eheleuten Philipp Schaefer, und sodann am nemlichen Tage auch dem Beklagten zugestellt.

Kläger, welcher schon durch den Cessions-Vertrag vom 1. Februar 1892 Gläubiger des Beklagten geworden war, hatte hienach bereits vor dem an Martini 1892 eingetretenen Verfalle der Restkaufpreisforderung an der zur Wettschlagung benützten Forderung des Beklagten ein rechtsgiltiges Pfändungspfandrecht im Besitz gehabt. Im Hinblick auf dieses Pfandrecht und die in Gemäßheit des § 730 der R.-C.-P.-O. ergangene richterliche Verfügung muß aber angenommen werden, daß die gepfändete Forderung mit der Restkaufpreisforderung nicht mehr in Wettschlagung treten konnte.

Vorsorglich wird übrigens noch auf die Bestimmung des § 796 der R.-C.-P.-O. und den konservatorischen Charakter des Arrestes hingewiesen.

Die Kompensationseinrede kann daher nicht begründet sein.

Um schließlich auch einen nur hilfsweise in Betracht kommenden Gesichtspunkt nicht zu übergehen, soll es nicht unterlassen werden, die Kompensations-Einrede auch insoweit zu bekämpfen, als von dem Beklagten mittelst dieser auch die letzte, erst am Martini 1893 fällig werdende Darlehensrate von 1000 ℳ zur Wettschlagung benützt werden will.

Kläger gibt zwar zu, daß Philipp Schaefer schon seit dem Sommer des Jahres 1892 sich in offenkundigem Zustande des Vermögensverfalles befindet. Diese Thatsache gab aber dem Gläubiger Dick keineswegs das Recht, am 1. September 1892 die nach Maßgabe des Darlehensvertrages an diesem Tage noch gar nicht fällig gewesenen beiden letzten Raten als verfallen zu betrachten und sein Zahlungsbegehren auch auf diese zu erstrecken. Eine gesetzliche Bestimmung, welche dem Vermögensverfalle in gleicher Weise wie die Konkurseröffnung die Wirkung beilegt, die Fälligkeit der Forderungen herbeizuführen, ist nicht vorhanden. Es ergibt sich dieses aus einem Vergleiche des Art. 1188 C. c. mit § 58 der R.-K.-O. Wollte man es aber einem Gläubiger gestatten, daß er seinem in Vermögensverfall gerathenen Schuldner die demselben zustehenden Termine entzieht, so wäre doch die erste Voraussetzung hiezu, daß er ein rechtskräftiges Urteil gegen den Schuldner erwirkt, welches den Zustand des Vermögensverfalles feststellt und den Schuldner, sei es mit, sei es ohne rückwirkende Kraft der Termine verlustig erklärt. Ein solches von Gläubiger Dick gegen seinen Schuldner Philipp Schaefer erwirktes Urteil liegt aber nicht vor.

Anbetracht dieser Sachlage läßt es der Kläger völlig dahin gestellt, ob der Gläubiger Dick selbst dann, wenn sein Schuldner Philipp Schaefer die Termine von Rechtswegen verwirkt hätte, aus dieser Thatsache die Berechtigung zu entnehmen vermochte, von dem Solidarbürgen die noch nicht verfallenen Raten zu fordern.

Auf Grund des Gesagten will der Kläger nicht bestreiten, daß der Beklagte, wofern diesem überhaupt ein Kompensationsrecht zugestanden werden könnte, an Martini 1892 Anspruch darauf gehabt hätte, außer den an Martini 1890 und 1891 fällig gewesenen Raten auch die an Martini 1892 erst fällig gewordene Rate einschließlich der bis dahin erwachsenen Zinsen von dem Hauptschuldner, Philipp Schaefer, zu fordern.

Dagegen wird aufgestellt, daß sein Anspruch sich keinesfalls auch auf die letzte, an Martini 1893 fällige Rate zu erstrecken vermochte.

Könnte also dem Beklagten ein Kompensationsrecht zugestanden werden, so dürfte dasselbe doch nur bis zum Kapitalbetrage von 3000 Mark und dem Belaufe der bis Martini 1892 erwachsenen Zinsen mit 200 Mark anerkannt werden.

II.

Insoweit die in der Klage begriffenen Ansprüche des Klägers eine Vergütung für die gewährte Kost und Wohnung mit 1200 Mark und den Rückersatz geliehener Geldbeträge mit 800 Mark zum Gegenstande haben, macht der Beklagte die Wettschlagung mit einer Forderung geltend, welche er im Betrage von 2000 Mark gegen seinen früheren Vormund Philipp Schaefer aus der von diesem geführten vormundschaftlichen Verwaltung ableitet.

Kläger erklärt hiezu, daß er die thatsächlichen Aufstellungen, welche über die Entstehung der Forderung des Beklagten in der Klagebeantwortung niedergelegt sind, nach keiner Richtung hin zu bestreiten vermag.

Dagegen widersetzt er sich, daß diese Forderung gegen ihn, den Cessionar, zur Begründung einer Kompensationseinrede benützt wird.

Beklagter scheint zu übersehen, daß Forderungen, welche einem gewesenen Mündel gegen seinen früheren Vormund aus der geführten vormundschaftlichen Verwaltung zustehen, gemäß Art. 475 C. c. der zehnjährigen Verjährung unterliegen.

Der Anspruch des Beklagten mußte daher schon mit Ablauf des Jahres 1890 durch Verjährung erloschen sein, da er während des Laufes der Frist gerichtlich nicht geltend gemacht wurde, Beklagter sich auch auf keinen anderen Rechtsakt zu berufen vermag, durch welchen der Lauf der Frist eine Unterbrechung erfahren oder eine andere Verjährungsfrist zu laufen begonnen hätte.

Kläger macht an der Stelle seines Autors die eingetretene Verjährung geltend und erachtet es hienach als ausgeschlossen, daß Beklagter nunmehr nach Ablauf der Frist den verjährten Anspruch zur Begründung einer Kompensationseinrede benütze. Könnte indessen eine während des Laufes der Frist von Rechtswegen eingetretene Wettschlagung in Betracht kommen, so würde eine solche doch nur insoweit stattgehabt haben, als die Forderung des Beklagten an Philipp Schaefer mit einer liquiden Forderung des Philipp Schaefer an den Beklagten zusammentraf. Das Erfordernis der Liquidität hatte aber jedenfalls dem Anspruche des Philipp Schaefer für gewährte Kost und Wohnung gemangelt, da der geforderte Betrag, wie der Beklagte selbst hervorhob, auf der einseitigen Schätzung des Philipp Schaefer beruht, und erst im Laufe des Prozesses durch die Erklärung des Beklagten ein liquider geworden ist. Daß aber die im Prozesse erfolgte Liquidstellung dem Beklagten nicht mehr zu nützen vermag, ist selbstverständlich.

Durch die vorgetragenen Ausführungen ist dargelegt worden, daß die in der Klage begriffenen Ansprüche sämtlich gerechtfertigt sind.

Durch die unter Ziffer I gegebenen Darlegungen ist aber auch gezeigt worden, daß der Kläger bereits zur Zeit der Arresterwirkung Forderungsgläubiger des Beklagten gewesen war.

Trifft aber dieses zu, so muß auch der Incidentantrag des Beklagten der Abweisung unterliegen.

Aus diesen Gründen

gefalle es der Civilkammer des kgl. Landgerichts Landau unter Abweisung der Einrede des Beklagten dem in der Klageschrift genommenen Antrag zuzusprechen, zugleich aber auch den Incidentantrag als unbegründet abzuweisen und dem Beklagten auch die Kosten des Incidentantrages zu Last zu legen.

Landau, den 2. Februar 1893.

Maier.

Abschrift erhalten.

Landau, den 3. Februar 1893.

Müller.

Schriftsatz

für

Konrad Schaefer, Landwirt in Edesheim wohnhaft, Beklagten, durch Rechtsanwalt Müller vertreten,

gegen

Abraham Weil, Handelsmann in Edenkoben wohnhaft, Kläger, durch Rechtsanwalt Maier vertreten.

Es wird an den vorgebrachten Einwendungen gegen die Klage festgehalten und auf die Erwiderung des Klägers noch folgendes bemerkt:

I.

Die Ausführungen des Gegners geben dem Beklagten keinen Anlaß, den in der Klagebeantwortung eingenommenen

Standpunkt aufzugeben, demzufolge für die Frage, ob die an den Kläger erfolgte Cession den Kompensationsanspruch des Beklagten auszuschließen vermag, lediglich der Zeitpunkt maßgebend ist, an welchem die förmliche Kundgabe der Cession an den Beklagten erfolgt war. Dieser Zeitpunkt ist der 15. November 1892, an welchem Tage dem Beklagten eine Abschrift der Cessions-Urkunde durch den Gerichtsvollzieher zugestellt wurde, die Wettschlagung aber bereits von Rechtswegen vollzogen war.

Im Hinblick auf die thatsächlichen Anführungen des Gegners hebt Beklagter den bezeichneten Zeitpunkt ausdrücklich hervor, um jeder mißverständlichen Annahme dahin vorzubeugen, als sei er schon durch die Zustellung des Arrest- und Pfändungsbeschlusses von der Cession förmlich oder in anderer Weise benachrichtigt worden. Dieses war nicht der Fall gewesen. Mit der Ausfertigung des Beschlusses war dem Beklagten nicht auch eine Ausfertigung des Gesuches und der vom Kläger erwähnten Beilage zugestellt worden. Aus dem Inhalte des Beschlusses selbst war zwar zu entnehmen, daß dem Kläger zur Sicherung der Zwangsvollstreckung wegen einer Geldforderung von 6200 Mark und der auf 500 Mark geschätzten Zinsen und Kosten Arrest und Pfändung bewilligt wurde; dagegen ließ der Inhalt des Beschlusses — dem Gesetze entgegen — nicht ersehen, wie die Forderungen entstanden sein sollten und daß sie vom Kläger auf Grund eines mit Philipp Schaefer abgeschlossenen Cessionsvertrages geltend gemacht werden. Beklagter will zwar nicht aus dieser Formwidrigkeit die Ungültigkeit der Arrest-Pfändung ableiten, wohl aber darthun, daß er durch die Zustellung des Beschlusses keine Kenntnis von der Cession erlangt hat.

Der Gegner hat nun in der Erwiderung den Schwerpunkt seiner Ausführungen darauf verlegt, den Nachweis zu führen, daß sein Vorgehen auf dem Wege der Pfändung ein durch die Umstände wohl gerechtfertigtes war. Es gewinnt hiedurch den Anschein, als wolle der Kläger einer Widerspruchsklage gegenüber seine Rechte vertheidigen.

Wiewohl der Beklagte es nicht bezweifelt, daß auch eine Widerspruchsklage von Erfolg begleitet sein müßte, so lag ihm doch der Gedanke, eine solche zu erheben, vollständig fern, da er überzeugt ist, daß sein Kompensationsrecht in gegenwärtigem Prozesse zur Anerkennung gelangt und zur Beseitigung der Arrestanordnung der in Gemäßheit des § 807 der R.-C.-P.-O. gestellte Incidentantrag vollständig hinreichen wird.

Der Arrestanordnung und Pfändung gegenüber erachtet es der Beklagte für genügend, wiederholt darauf hinzuweisen, daß die förmliche Kundgabe der Cession erst am 15. November 1892 stattgehabt hatte. An der hieraus zu ziehenden Folgerung kann auch das inmitten gelegene richterliche Verbot nichts ändern. Könnten aber Bedenken darüber bestehen, ob eine Wettschlagung eintreten konnte, so lange jenes Verbot formal bestand, so müßten diese Bedenken jedenfalls durch den Zuspruch des Incidentantrags beseitigt werden.

Anbetracht derselben Thatsache, daß die förmliche Kundgabe der Cession erst am 15. November 1892 stattfand, sowie im Hinblick auf die nunmehr in Betracht kommenden Bestimmungen der R.-C.-P.-O. erscheint es ferner als ebenso unbehelflich wie unzutreffend, wenn der Beklagte auf den konservatorischen Charakter des Arrestes Bezug nimmt. Es kann daher unter keinem Gesichtspunkte zugegeben werden, daß Arrest und Pfändung ein Hindernis für den Eintritt der Wettschlagung an Martini 1892 hätte bilden können.

Zum Schluß seiner Darlegungen hat der Gegner es bestritten, daß der aus der Zahlung mit Subrogation erwachsene Anspruch des Beklagten bis zum vollen noch geschuldeten Betrage der Darlehensforderung mit der Kaufpreisforderung in Wettschlagung treten konnte.

Die Gründe, welche der Gegner in dieser Richtung anführt, sind aber keineswegs zutreffend.

Die Bestimmung des Art. 1188 C. c. ist nicht bloß auf den Fallimentszustand zu beziehen, gilt vielmehr in gleicher Weise auch für die zahlungsunfähig gewordenen Nichtkaufleute, welche nach französischem Gesetze überhaupt nicht in Fallimentszustand gerathen konnten. Wenn in dieser Beziehung die Gesetzgebung sich inzwischen verändert hat, so kann dadurch doch kein Anlaß gegeben sein, dem Art. 1188 C. c. nunmehr eine andere Auslegung zu geben. Ist hienach die Bestimmung des erwähnten Art. im Falle der Zahlungsunfähigkeit oder des Vermögensverfalles in gleicher Weise, wie im Falle des Konkurses anwendbar, so muß auch die in diesem Art. ausgesprochene Wirkung des von Rechtswegen eintretenden Terminverlustes in beiden Fällen die gleiche sein. Eines Urteiles, welches den Zustand des Vermögensverfalles feststellte, konnte es im gegebenen Falle um so weniger bedürfen als der Kläger das Vorhandensein dieses Zustandes gar nicht bestritten, vielmehr als offenkundig bezeichnet hat.

Ohne jede Bedeutung ist es sodann, wenn der Gegner die Frage anregte, ob ein vom Hauptschuldner verwirkter Terminverlust auch gegen den Solidarbürgen eintreten müßte. Wäre dieses selbst nicht der Fall, so könnte sich der Beklagte doch immer auf die Subrogation, jedenfalls auf die durch Vertrag verlangte Einsetzung berufen, um auf Grund derselben alle Rechte des Gläubigers gegen den Schuldner auszuüben.

Um aber deutlich vor Augen zu rücken, daß Beklagter als Solidarbürge selbst unabhängig von den durch die Subrogation erworbenen Rechten auch die nicht verfallene Rate an Philipp Schaefer beanspruchen durfte, wird auf die Bestimmung des Art. 2032 C. c. hingewiesen, derzufolge der Bürge, auch wenn er nicht bezahlt hat, berechtigt ist, von dem in Vermögensverfall gerathenen Schuldner für den ganzen Betrag der Schuld ohne Rücksicht auf deren Fälligkeit die Schadloshaltung zn fordern.

Der Kompensationsanspruch des Beklagten erscheint hiernach auch dem Betrage nach gerechtfertigt.

II.

Die Forderung, welche der Beklagte gegen Philipp

Schaefer aus der von diesem geführten vormundschaftlichen Verwaltung ableitet, will der Kläger mit der Einrede der Verjährung beseitigen.

Bestritten wird, daß der Kläger legitimirt ist, von dieser Einrede Gebrauch zu machen, da dieselbe nicht ihm, sondern nur dem Schuldner der Forderung, dem Philipp Schaefer, zustehen kann.

Die Einrede selbst ist auch keineswegs stichhaltig. Nach der thatsächlichen Seite hin wird hier ausdrücklich bemerkt, daß es dem Beklagten vollständig fern liegt, seinem Bruder Philipp irgendwelche betrügerische Absicht zu unterstellen. Er betont vielmehr, daß er die Auslassung des Forderungspostens in der Vormundschaftsrechnung lediglich auf einen Irrtum oder eine Vergeßlichkeit des Bruders zurückführt. Nach der rechtlichen Seite hin will Beklagter auch in keine Erörterung darüber treten, ob auf Grund des von ihm behaupteten Sachverhalts die in Art. 475 C. c. bezeichnete zehnjährige Verjährungsfrist oder die dreißigjährige Platz zu greifen hat. Die Würdigung dieser Frage wird vielmehr eintretenden Falles vollständig dem weisen Ermessen des Gerichts anheimgegeben. Dagegen wird aufgestellt, daß die Forderung auch bei Annahme einer zehnjährigen Verjährungsfrist nicht zu verjähren vermochte, weil bereits vor Ablauf derselben die Wettschlagung sich vollzogen hatte. Kläger bestreitet es nicht, daß dem Beklagten die behauptete Forderung im Betrage von 2000 *M* gegen seinen früheren Vormund Philipp Schaefer erwachsen war. Dieser liquiden und klagbaren Forderung des Beklagten waren längst vor Ablauf der zehnjährigen Verjährungsfrist die in der Klageschrift unter Ziff. II. bezeichneten Forderungen gegenüber getreten. Unter diesen Forderungen war allerdings die für Kost und Wohnung gestellte nicht in dem Sinne liquid gewesen, daß ihr Betrag in einer bestimmten Summe festgestanden hätte. Dieser Mangel konnte aber den Eintritt der Wettschlagung nicht hindern. Wie schon bei Zachariae — vergl. Zachariae-Dreyer § 326 A 5 Bd. II S. 400 ausgeführt ist, hat der Satz „Illiquidum cum liquido compensari nequit" keineswegs den Sinn, daß der Inhaber der liquiden Forderung behindert wäre, mit dieser die illiquide Gegenforderung wettzuschlagen.

Hierauf beruft sich der Beklagte, indem er geltend macht, daß er als Inhaber der liquiden Forderung von 2000 ℳ jedenfalls berechtigt war, die Gegenforderungen des Bruders Philipp bis zum Belaufe seiner eigenen Forderung als begründet anzunehmen und die beiderseitigen Ansprüche als durch Wettschlagung getilgt zu betrachten.

Nachdem übrigens die Liquidstellung im Prozesse durch die Anerkennung des Beklagten erfolgt ist und, wie oben dargelegt wurde, vom Kläger eine Verjährungseinrede dem Beklagten nicht entgegen gehalten werden kann, so besteht kein Hindernis, daß die Forderung des Beklagten, soweit sie nicht schon früher durch eine von Rechtswegen eingetretene Wettschlagung getilgt worden ist, nunmehr im ergehenden Urteile zur Begründung der Wettschlagung mit dem Anspruche für Kost und Wohnung berücksichtigt wird.

Sollten indessen diese letzten Ausführungen keine Billigung finden und die Kompensation der Forderung des Beklagten mit der Gegenforderung für Kost und Wohnung nicht angenommen und auch im Urteile nicht zugelassen werden, so wird vom Beklagten hilfsweise aufgestellt, daß der nicht erloschene Teil seiner Forderung in Wettschlagung getreten sei mit der Kaufpreisschuld, sofern auch von dieser ein Teil mit dem aus der Zahlung mit Subrogation erwachsenen Anspruche nicht kompensiert worden wäre.

Aus diesen Gründen

wird der in der Klagebeantwortung niedergelegte Antrag, insbesondere auch der Incidentantrag wiederholt.

Landau, den 15. Februar 1893.

Müller.

Abschrift erhalten

Landau, den 16. Februar 1893.

Maier.

Gegenwärtig:
Lang, k. Landgerichtspräsident,
als Vorsitzender, die k. Landgerichtsräte Vogel u. Schindler,
als beisitzende Richter
Orth, k. Sekretär.

Protokoll

aufgenommen in der öffentlichen Sitzung der Civilkammer des k. Landgerichts Landau am 1. März 1893 über die mündliche Verhandlung

in Sachen

Abraham Weil, Handelsmann in Edenkoben wohnhaft, Kläger, durch Rechtsanwalt Maier vertreten,

gegen

Konrad Schaefer, Landwirt in Edesheim wohnhaft, Beklagten, durch Rechtsanwalt Müller vertreten,

wegen Forderung

erschienen nach Aufruf die obengenannten Rechtsanwälte Maier und Müller, worauf der Vorsitzende die mündliche Verhandlung der Sache eröffnete.

Die durch gehörige schriftliche Vollmacht legitimierten Prozeßbevollmächtigten verlasen sodann ihre in den vorbereitenden Schriftsätzen genommenen Anträge, welche dem gegenwärtigen Protokolle als Anlagen beigefügt sind, und begründeten dieselben durch mündlichen Vortrag in thatsächlicher und rechtlicher Beziehung im Wesentlichen in gleicher Weise, wie in den vorbereitenden Schriftsätzen.

Bei dem Vortrage des Thatbestandes verlas Rechtsanwalt Maier folgende zu den Gerichtsakten gegebene Urkunden:

1. Die Kaufurkunde errichtet vor dem k. Notar Münch in Edenkoben am 1. Oktober 1888,
2. Vier Darlehensscheine, ausgestellt von Konrad Schaefer

an Philipp Schaefer und datiert vom 1. Dezember 1881, 1. März 1882, 1. Februar 1883 und 1. März 1884,

3. Cessionsvertrag, errichtet vor dem k. Notar Münch in Edenkoben am 1. Februar 1892, sowie den Nachweis der an den Beklagten am 15. November 1892, erfolgten Zustellung des Vertrages und der Mahnung,
4. Arrest- und Pfändungsbeschluß der Zivilkammer des k. Landgerichts Landau vom 3. Oktober 1892 nebst dem Gesuche und dem Nachweise der Zustellung des Beschlusses an die Drittschuldner und an den Beklagten vom 4. Oktober 1892.

Rechtsanwalt Müller verlas im Laufe seines Vortrages die nachbezeichneten, zu den Gerichtsakten gegebenen Urkunden:

1. Darlehensvertrag, errichtet vor dem k. Notar Weber in Landau am 1. August 1886,
2. Urkunde desselben Notars, errichtet über eine am 1. September 1892 geschehene Zahlung mit Subrogation,
3. Vormundschaftsrechnung des Philipp Schaefer vom 30. Dezember 1880,
4. Auszug aus der vor Notar Münch über die Teilung der Hinterlassenschaften der Eltern des Beklagten errichteten Urkunde,
5. Abdruck der amtlichen Gewinnziehungsliste,
6. Quittung des Vormundes Philipp Schaefer über den Empfang von 2000 ℳ, datiert vom 13. August 1876.

Auf Befragen des Vorsitzenden erklärten die Prozeßbevollmächtigten beider Parteien, daß sie thatsächliche Behauptungen des Gegners, insoweit solche nicht ausdrücklich bestritten worden seien, als richtig zugäben.

Nachdem die Sache erschöpfend erörtert war und die Prozeßbevollmächtigten auf weiteres Befragen des Vorsitzenden erklär: hatten, daß sie zu weiteren Bemerkungen keinen Anlaß hätten, wurde die Verhandlung von dem Vorsitzenden für geschlossen erklärt, worauf dieser nach stattgehabter Beratung des Gerichts anruhendes Urteil verkündete.

Worüber Protokoll, welches, nachdem es den Rechtsanwälten der Parteien zur Durchsicht vorgelegt und von denselben genehmigt worden war, von dem Vorsitzenden und dem Gerichtsschreiber unterschrieben wurde.

Lang.

Orth.

Frage
aus dem Protestantischen Kirchenrechte pro 1893.

I.

Eine in Bayern weder als öffentliche noch als Privatkirchengesellschaft anerkannte, in den vereinigten Staaten von Nordamerika ziemlich verbreitete Sekte fußt bezüglich ihres Dogma und ihrer Verfassung in großen Umrissen auf den Grundsätzen der protestantischen deutschen Landeskirchen.

In einigen Punkten besteht indessen keine Uebereinstimmung mit den entsprechenden Grundsätzen der protestantisch-unierten Kirche der Pfalz, so insbesondere bezüglich der Abendmahlslehre und bezüglich der Kirchenverfassung, indem die fragliche Sekte ein landesherrliches Episkopalrecht für sich nicht gelten lassen will.

Der fraglichen Sekte ist es gelungen, Anhänger in einer Gemeinde der Pfalz unter den Protestanten zu gewinnen und es sind aus diesem Anlasse folgende Streitpunkte aufgetaucht.

1. Ein badischer und ein bayerischer Staatsangehöriger, Anhänger der fraglichen Sekte, haben ohne Einholung einer Erlaubnis der prot. Kirchenbehörde, ohne polizeiliche Erlaubnis und ohne Anmeldung bei der Polizeibehörde in öffentlichen Blättern bekannt gemacht, daß sie in dem Saale eines Wirtshauses Vorträge über die Dogmen der fraglichen

Sekte, über ihre innere kirchliche Verfassung und über ihr Verhältnis zur Staatsgewalt halten werden. Zu diesen Vorträgen ist jedermann eingeladen.

Kann die Abhaltung dieser Vorträge verhindert werden oder nicht, auf Grund welcher Gesetze?

2. Allmählich hat sich in einer Gemeinde der Pfalz aus Gliedern einer dort befindlichen protestantischen Gemeinde eine Gesellschaft zusammengethan, deren Mitglieder, ohne aus der protestantischen Kirche auszutreten, sich als Mitglieder der fraglichen amerikanischen Sekte bezeichnen und eine Person aus ihrer Mitte (einen bayerischen Staatsangehörigen) als ihren Vorstand gewählt haben unter der Bezeichnung „Diakon“.

a) Dieser Vorstand hält in einem von der fraglichen Gesellschaft gemieteten Lokale, ohne vorherige polizeiliche Erlaubnis, ohne Anmeldung bei der Polizeibehörde und ohne Erlaubnis der protestantischen Kirchenbehörde Gottesdienste nach Art der Gottesdienste der prot. unierten Kirche der Pfalz ab. Er predigt über biblische Texte, spricht Gebete, teilt das Abendmahl aus und die Anwesenden stimmen geistliche Lieder an.

Können diese Versammlungen verhindert werden oder nicht, auf Grund welcher Gesetze?

b) bei der Beerdigung eines Mitgliedes der fraglichen Gesellschaft auf dem der politischen Gemeinde gehörigen Friedhofe begleitete der erwähnte Vorstand („Diakon“) in gewöhnlicher Kleidung die Leiche auf den Friedhof, hielt eine Grabrede und sprach die rituellen Gebete, welche übrigens nach dem Beerdigungs-Ritus der prot. unierten Kirche der Pfalz nicht üblich sind. Als der Vorstand diese Gebete fast beendigt hatte, unterbrach ihn der in Amtstracht anwesende Bürgermeister und gebot ihm Schweigen unter Berufung auf Art. 17 des Dekretes vom 23. prairial XII, wornach die Ortspolizeibehörde jede Unordnung auf dem Begräbnisplatze zu verhüten habe. Der Vorstand beschwerte sich hierauf bei der Verwaltungsbehörde unter Berufung auf durch die Verfassung gewährte Gewissensfreiheit.

War dieser Beschwerde Folge zu geben oder nicht, auf Grund welcher Gesetze?

c) die Mitglieder der fraglichen Gesellschaft beabsichtigen, mit Hilfe von reichen Mitteln, die ihnen aus Nordamerika zugeflossen sind, ein Versammlungshaus für ihre gottesdienstlichen Zusammenkünfte zu erbauen.

Kann dieser Bau verhindert werden oder nicht und auf Grund welcher Gesetze?

II.

In einer Gemeinde der Pfalz, in welcher eine protestantische Kirchengemeinde besteht, findet sich eine Anzahl von Kirchengemeindegliedern zu gemeinschaftlichen Gebetsübungen ohne den Ortsgeistlichen und ohne irgend welche behördliche Erlaubnis in einem Privathause zusammen.

Können diese Zusammenkünfte verhindert werden, auf Grund welcher Gesetze?

J. Schweitzer Verlag (Jos. Eichbichler) in München.

Die
Neuen Prüfungsvorschriften
für Juristen in Bayern
enthaltend
die Kgl. Allerhöchste Verordnung v. 12. Juli 1893
und
Bekanntmachung v. 14. Juli 1893.

Die Prüfungen und die Vorbereitung zu den Prüfungen für den höheren Justiz- und Verwaltungsdienst in Bayern
sammt den **Ausführungs-Vorschriften** hiezu betreffend,
nebst einem Anhang
die Bedingungen für die **Erwerbung des Doktorgrades** bei den **Juristen-Fakultäten** an den **bayer. Landesuniversitäten: München, Würzburg, Erlangen.**

8°. 98 S. Preis elegant broschirt *M* 1.—.

Rechtsstudium
und Prüfungsordnung in Bayern.

Ein Vortrag, gehalten in der juristischen Gesellschaft München am 17. November 1893
von
Justizrath **Dr. Hermann Pemsel.**

Lex. 8°. Preis elegant broschirt 60 * S*.

Im gleichen Verlage sind mit hoher ministerieller Genehmigung schon früher erschienen:

Die Staatskonkurs-Aufgaben

für den

höheren Justiz- und Verwaltungsdienst

im Königreich Bayern.

I. Sammlung: Die Aufgaben in den Jahren 1880—84. Ermäßigter Preis Mk. 3.—.
(Bis auf wenige Exemplare vergriffen.)

II.—IV. Sammlung: Die Aufgaben in den Jahren 1885—92. Zusammen ermäßigt auf Mk. 6. Einzeln à Bändchen Mk. 1.50.

Die speciellen Aufgaben für die Pfalz in den Jahren 1885—88 Mk. 3.—.

Von 1889 an sind die speziellen Aufgaben für die Pfalz bereits in der Sammlung der Staatskonkurs-Aufgaben publiziert.

Das Studium der „Staatskonkurs-Aufgaben" in Verbindung mit der „Juristischen Monatschrift" (siehe letzte Seite des Umschlags) gilt als die beste Vorbereitung auf die zweite praktische Prüfung für den höheren Justiz- und Verwaltungsdienst in Bayern.

J. Schweitzer Verlag (Jos. Eichbichler) in München.

Bis Anfang Februar 1894 liegt **vollständig** vor:

Erläuterungen

zur

Bayerischen Gemeindeordnung

für die Landestheile diesseits des Rheins.

Gesetz vom 29. April 1869 und 19. Januar 1872.

Nebst einem Anhange, enthaltend das **Gesetz über den Verwaltungsgerichtshof**, Bestimmungen über **Etats, Rechnungswesen, Stiftungen** 2c. und besonders ausführlichem **Register.**

Von

Franz Lindner,

k. Amtsrichter.

In zweiter völlig umgearbeiteter und wesentlich vermehrter Auflage mit herausgegeben

von

Dr. Thomas von Hauck,

k. Oberstaatsanwalt am Verwaltungsgerichtshofe a. D.

Mindestens 40 Druckbogen zum Subscriptionspreise von Mk. 6.—, gebunden Mk. 7.—.

Nach Vollendung des Werkes (Februar 1894) wird eine Preiserhöhung vorbehalten.

Die „Augsburger Abendzeitung“ sagt in Nr. 271 vom 1. Oktober 1893 u. A.

„Ein Kommentar, der in den Kreisen der Praxis hochwillkommen sein wird; knapp und erschöpfend, übersichtlich und verständlich, was für den Praktiker, der sich oftmals plötzlich herantretenden, sofortige Entscheidung erfordernden Fragen gegenübergestellt sieht, von besonderem Werthe ist.

Der Drang des Geschäftsganges erlaubt dem Praktiker nur selten, sich in ausführliche Kommentirungen zu vertiefen; demselben dient vielmehr nur eine Erläuterung, die in kurzen, aber faßlichen „Schlagern“ Anleitung über das Wesentliche gewährt. Diese Aufgabe erfüllt Lindner's „Gemeindeordnung“, die in jener gedrängten, aber immer das Wesentliche treffenden Kürze, in welcher der Mitherausgeber Dr. v. Hauck ein bekannter Meister ist, eine Fülle der wichtigsten Sätze aus Landtagsverhandlungen, Entscheidungen der Civilgerichte und des Verwaltungsgerichtshofes, aus der Menge von Normativerlassen und aus der Literatur als wegweisenden Anhalt bietet. Hier sei z. B. nur auf die ebenso lichten als gründlichen Erörterungen über Rechte und Stellung der Gemeinden als Körperschaft, Selbstverwaltung, Gemeindebezirk und Steuergemeinde 2c. hingewiesen. Auch die strafrechtlichen Entscheidungen sind verwerthet. Kurz, Lindner erfüllt das Bedürfniß eines praktischen Handbuches für Jeden, der sich mit Gemeindeangelegenheiten zu befassen veranlaßt ist. Die Ausstattung ist gediegen und handsam“.

☛ Im Staatskonkurs wird „Lindners Kommentar zur bayerischen Gemeindeordnung“ mit Erfolg benützt.

Einladung zum Abonnement

auf die im gleichen Verlage erscheinende

„Juristische Monatschrift"

zur Vorbereitung auf die Prüfungen für den höheren Justiz- und Verwaltungsdienst in Bayern.

Herausgegeben unter Mitwirkung mehrerer Juristen und Rechtslehrer

von

Heinrich Becher,

k. Amtsrichter in München.

Jährlich erscheinen 12 Hefte und kostet das **Jahres-Abonnement** bei **portofreier Zusendung** Mk. 10.—.

Der Preis der vollständigen Jahrgänge (1891/93) wurde auf à 5 Mk. ermäßigt.

Zusammengenommen kosten die drei Jahrgänge ℳ 12.—.

Während die **„Juristische Monatschrift"** sich bei ihrer Begründung **ausschließlich** die Aufgabe stellte, als Vorbereitungsmittel zur **zweiten praktischen** Prüfung für den höheren Justiz- und Verwaltungsdienst in Bayern zu dienen, und man darf wohl sagen, auch mit Fleiß und Umsicht erfüllte, hat sie mit dem nun beendeten (III.) Jahrgang bereits dieses Programm überschritten, indem die Herren Herausgeber in Verbindung mit hervorragenden Rechtslehrern von nun an auch **theoretische Abhandlungen** bringen werden. Diese Abhandlungen sind hauptsächlich dazu bestimmt, dem **Rechtskandidaten** zur **Vorbereitung** auf die **erste theoretische** Prüfung nützlich zu sein.

Eine erhöhte Bedeutung wird diese Einrichtung durch den Umstand erhalten, daß der mündlichen theoretischen Prüfung in Zukunft eine **schriftliche Vorprüfung vorausgehen wird.** Die **„Juristische Monatschrift"** wird dem daraus entspringenden Bedürfnisse im kommenden Jahrgange (1894) noch mehr Rechnung tragen und **ihr Programm in dieser Hinsicht wesentlich erweitern.**

Ausführliche Prospekte stehen kostenlos und portofrei zu Diensten.

☛ **Mitarbeiter gegen entsprechende Honorirung stets willkommen.**

FSC
www.fsc.org
MIX
Papier | Fördert gute Waldnutzung
FSC® C083411

Kolibri 360 GmbH
Ferdinand-Jühlke-Straße 7
99095 Erfurt, Deutschland
produktsicherheit@kolibri360.de